WESTEND

Sevim Dagdelen

DIE NATO

Eine Abrechnung
mit dem Wertebündnis

WESTEND

Mehr über unsere Autoren und Bücher:
www.westendverlag.de

Die Deutsche Nationalbibliothek verzeichnet diese Publikation in der Deutschen Nationalbibliografie; detaillierte bibliografische Daten sind im Internet über http://dnb.d-nb.de abrufbar.

MIX
Papier | Fördert gute Waldnutzung
FSC® C014889
www.fsc.org

ISBN: 978-3-86489-467-1
1. Auflage 2024

Umschlaggestaltung: Buchgut, Berlin
Foto Titelbild: © Olaf Krostitz
Druck und Bindung: Friedrich Pustet GmbH & Co. KG, Regensburg
Printed in Germany

Inhalt

Einleitung

Die drei großen Mythen der NATO

Die NATO begeht im Jahr 2024 ihren 75. Geburtstag und scheint auf dem Höhepunkt ihrer Macht. Mehr als jemals zuvor setzt die Nordatlantik-Vertragsorganisation auf Expansion. In der Ukraine führt die NATO einen Stellvertreterkrieg gegen Russland in Reaktion auf dessen völkerrechtswidrigen Angriffskrieg: Der Militärpakt beteiligt sich mit der Ausbildung ukrainischer Soldaten an NATO-Waffen, mit massiven Waffenlieferungen, Geheimdienstinformationen und der Bereitstellung von Zieldaten sowie eigenen Soldaten vor Ort. Diskutiert wird über die Lieferung von Marschflugkörpern, wie die deutschen vom Typ Taurus, an die Ukraine, die mit einer Reichweite von 500 Kilometern Moskau oder Sankt Petersburg erreichen können, wie auch über die Entsendung eigener NATO-Truppen in großem Maßstab. Die Zeichen stehen auf Sturm. In Asien weitet die NATO ihre Präsenz aus: Durch die Einbindung neuer Partnerstaaten wie Japan und Südkorea rückt sie in die Indopazifik-Region vor und sucht die Konfrontation mit China. Die Militärausgaben der USA und der anderen NATO-Mitgliedsstaaten schießen in Rekordhöhen. Während bei den Waffenlieferanten die Champagner-

Korken knallen, werden die gigantischen Kosten für die Aufrüstung auf die Bevölkerung abgewälzt. Überdehnung, soziale Verwerfungen und Eskalationsgefahr sind die Kehrseite dieser expansiven Machtpolitik. Sie fordern das Bündnis in nie da gewesener Form heraus. Umso mehr ist die NATO heute auf Legenden angewiesen. Drei große Mythen ziehen sich von der Gründung des Militärpakts durch dessen blutige Geschichte bis in die Gegenwart.

Mythos Verteidigung und Völkerrecht

Die NATO ist ein Verteidigungsbündnis. So lautet die ewig wiederholte Erzählung. Doch ein Blick in die Geschichte des Militärpakts zeigt: Weder stand bei der Gründung der NATO die gegenseitige Verteidigung im Vordergrund, noch kann bei dem Auftreten der NATO in den vergangenen Jahrzehnten von einer defensiven Ausrichtung die Rede sein. Als Beleg für den Charakter der NATO als Verteidigungsbündnis wird gerne Artikel 5 des Nordatlantikvertrags angeführt. In ihrem Gründungsabkommen vereinbaren die zwölf Vertragsstaaten USA und Kanada sowie die europäischen Staaten Belgien, Dänemark, Frankreich, Großbritannien, Island, Italien, Luxemburg, Niederlande, Norwegen und Portugal im Jahr 1949, dass »ein bewaffneter Angriff gegen mehrere von ihnen in Europa oder Nordamerika als ein Angriff auf alle angesehen werden wird«. Die NATO-Mitglieder verpflichten sich, einander Beistand zu leisten, um sich gemeinsam gegen einen solchen Angriff zur Wehr zu setzen.

Als explizites Vorbild dient hier der Interamerikanische Vertrag über gegenseitigen Beistand. Dieser Beistandspakt wurde 1947 auf Initiative Washingtons im brasilianischen Rio de Janeiro von den amerikanischen Mitgliedsstaaten geschlossen und trat ein Jahr später in Kraft. Im Angesicht des Kalten Krieges wollten die USA mit diesem Vertrag, in dessen Folge noch im selben Jahr die Organisation Amerikanischer Staaten (OAS) gegründet wurde, ihre Dominanz auf dem amerikanischen Kontinent sicherstellen. Das war im Sinne einer aktualisierten Monroe-Doktrin, mit der die USA 1823 die westliche Hemisphäre zu ihrer exklusiven Einflusszone erklärt hatten.

In dieser Tradition steht auch die NATO. Wie beim Interamerikanischen Vertrag sind die Unterzeichnerstaaten des Nordatlantikpakts macht- und militärpolitisch völlig ungleichgewichtig. Um Beistand durch andere Bündnispartner im Verteidigungsfall geht es den USA bei Gründung der NATO daher offenkundig nicht. Vielmehr strebt Washington danach, eine »Pax Americana« zu schaffen, ein exklusives Einflussgebiet, das den USA als unbestrittener Führungsmacht Kontrolle über die Außen- und Sicherheitspolitik der anderen Bündnispartner verschafft.

Die Grundlage der NATO ist ein Tausch. Die übrigen NATO-Mitglieder verzichten auf Teile ihrer demokratischen Souveränität und werden dafür mit der NATO-Sicherheitsgarantie belohnt, die de facto eine Sicherheitsgarantie der USA ist. Schließlich können nur die USA die Gewähr auf Schutz in letzter Instanz durchsetzen, da sie die einzige Macht sind, die in großem Maßstab Atomwaffen einsetzen könnte. Wie brüchig dieses Sicherheitsversprechen jedoch in jüngster Zeit geworden ist, lässt sich etwa an den Äußerungen des republikanischen Präsidentschaftskandidaten Donald Trump ablesen, der eine Verteidigung von NATO-Mitgliedern daran knüpfen will, dass diese ihre Ausgaben für Rüstung und Militär auf mindestens zwei Prozent des Bruttoinlandsprodukts erhöhen. Darüber hinaus greifen bei manchen Republikanern Ideen Raum, die USA ganz aus der NATO zu lösen. Es kann nicht ausgeschlossen werden, dass insbesondere Trump nach einem Wahlsieg eine Entscheidung trifft, bei der die europäischen Verbündeten allenfalls als Verhandlungsmasse auftauchen.[1]

Die übrigen NATO-Mitglieder sinken innerhalb des Militärpakts zu Klientelstaaten herab wie jene, die einst im Osten des Römischen Reiches als militärische Pufferzone dem Machterhalt des römischen Imperiums dienten. Eine innenpolitische Veränderung, welche die außenpolitische Orientierung hätte infrage stellen können, war diesen Klientelstaaten bei Strafe des eigenen Untergangs verboten. Um solche Entwicklungen zu verhindern, setzte die NATO zur Zeit des Kalten Krieges mit ihren Stay-Behind-Gruppen auf eigene Putschorganisationen. Sie verhinderten auch mit terroristischen Mitteln aktiv einen Machtgewinn von politischen Kräften, die die NATO-Mitgliedschaft infrage stellten.

Das Ende der Systemauseinandersetzung mit der Sowjetunion verändert den primären Zweck der NATO, eine »Pax Americana« zu schaffen, einschneidend. Seit Ende des Kalten Kriegs sieht sich die NATO zunehmend in der Rolle des Weltpolizisten. Mit dem Überfall auf die Bundesrepublik Jugoslawien, die zu diesem Zeitpunkt noch aus Serbien und Montenegro bestand, führte der Militärpakt 1999 seinen ersten Krieg. Ein klarer Bruch des Völkerrechts, wie der damalige deutsche Bundeskanzler Gerhard Schröder 15 Jahre später selbst einräumt: »Da haben wir unsere Flugzeuge (...) nach Serbien geschickt, und die haben zusammen mit der NATO einen souveränen Staat gebombt – ohne dass es einen Sicherheitsratsbeschluss gegeben hätte.«[2]

Nach dieser Ursünde entwickelt sich die NATO zu einem Kriegsführungspakt, der bereit ist, das Völkerrecht zu brechen. Ein klarer Widerspruch zur eigenen Charta, in der sich die NATO-Staaten gemäß Artikel 1 dazu verpflichten, »sich in ihren internationalen Beziehungen jeder Gewaltandrohung und Gewaltanwendung zu enthalten, die mit den Zielen der Vereinten Nationen nicht vereinbar sind«. Die Verteidigung des Bündnisgebiets wird nunmehr lediglich ein Teil des Anspruchs, als weltweite Ordnungsmacht aufzutreten.

2003 überfallen die NATO-Mitglieder USA und Großbritannien mit einem völkerrechtswidrigen Angriffskrieg den Irak. Sie stellen dafür eigens eine »Koalition der Willigen« zusammen, der auch zahlreiche weitere NATO-Mitglieder wie Italien, Polen, Niederlande, Dänemark, Tschechien, Ungarn, Portugal und die Slowakei angehören, sowie die späteren NATO-Mitglieder Rumänien, Bulgarien, Lettland und Litauen. Washington und seine Helfershelfer verstoßen damit eklatant gegen das Völkerrecht und die beteiligten NATO-Staaten gegen die grundlegenden Maßgaben der eigenen Charta. Begleitet wird der Irak-Krieg zudem vom NATO-AWACS-Einsatz in der Türkei, der als Kriegsunterstützung gedeutet werden kann.

Auch wenn der Krieg gegen den Irak kein NATO-Krieg ist, gibt es schwerwiegende Argumente, den Überfall dem Militärpakt zuzurechnen. NATO-Mitglieder wie Deutschland verweigerten den USA nicht die Nutzung der Militärbasen als Teil der NATO-Struktur in Europa und versagten auch nicht die Überflugrechte für die US-Streitkräfte, obwohl sich aus der Bindung der Bundesregierung an die Regeln des Völkerrechts gemäß Artikel 20 Absatz 3 und Artikel 25 Grundgesetz das Verbot ergibt, an Handlungen nichtdeutscher Hoheitsträger auf deutschem Boden mitzuwirken, wenn diese gegen das Völkerrecht verstoßen.[3] Der völkerrechtswidrige Angriffskrieg gegen den Irak von einem Teil der NATO-Mitglieder wurde nicht einmal im NATO-Rat thematisiert, wie auch nicht der Rückgriff auf NATO-Infrastruktur. Auswirkungen auf die NATO-Mitgliedschaft der USA oder Großbritanniens hat deren Verstoß gegen den Nordatlantikvertrag keine. Das war absehbar. Die Kriegspolitik des wichtigsten Mitglieds der Allianz muss daher dem Militärpakt NATO insgesamt zugerechnet werden, nimmt man das Selbstverständnis der NATO ernst. Die USA stehen mit ihren völkerrechtswidrigen Kriegen als pars pro toto, als Teil für das Ganze.

In Afghanistan führt die NATO 20 Jahre lang einen desaströsen Krieg, der über 200 000 Zivilisten das Leben kostet.[4] Zum ersten und bisher einzigen Mal beruft sich das Bündnis bei diesem Militäreinsatz nach den Anschlägen vom 11. September 2001 auf Kapitel 5 des NATO-Vertrages. Der internationalen Öffentlichkeit soll weisgemacht werden, Freiheit und Sicherheit des Westens würden am Hindukusch verteidigt. Zwanzig Jahre später, im August 2021 ziehen die Taliban wieder in Kabul ein. Der Militäreinsatz erweist sich als eine einzige Katastrophe. Der Versuch der USA, militärisch einen Fuß in Zentralasien zu haben, um China und Russland geopolitisch herausfordern zu können, ist gescheitert. Hals über Kopf verlassen die USA das Land. Washington informiert nicht einmal die Verbündeten. Tausende Ortskräfte der NATO werden im Stich gelassen. Von Bündnissolidarität ist nichts zu sehen. Um an Informationen zu kommen, wird im deutschen Auslandsgeheimdienst sogar verzweifelt erwogen, die Amerikaner abzuhören.

Die Blutspur der NATO führt neben Belgrad, Bagdad und Kabul auch nach Libyen. 2011 zerbombt die NATO das Land unter Bruch des Völkerrechts und Missbrauch einer Resolution des UN-Sicherheitsrats. Tausende werden getötet. Hunderttausende müssen fliehen. Eine Delegation der Afrikanischen Union, die im Konflikt vermitteln will, wird sogar an der Landung gehindert. Zurück bleibt ein zerstörtes Land, in dem in Teilen islamistische Milizen herrschen. Die gesamte Sahel-Region wird in der Folge von Al-Kaida und dem Islamischen Staat (IS) destabilisiert. Diese von der NATO angerichtete Katastrophe müssen sich die einzelnen Mitglieder zurechnen lassen. Totum pro parte, das Ganze steht hier für den Teil. Das gilt auch für die Mitgliedsstaaten, die sich nicht direkt an den Angriffen beteiligen.

Mythos Demokratie und Rechtsstaatlichkeit

Die NATO-Mitglieder sind entschlossen, »die Freiheit, das gemeinsame Erbe und die Zivilisation ihrer Völker, die auf den Grundsätzen der Demokratie, der Freiheit der Person und der Herrschaft des Rechts beruhen, zu gewährleisten«, so lautet die Legitimationslegende der Gründungscharta. Das aber ist bereits im Jahr 1949 eine glatte Lüge. Nicht nur in Lateinamerika paktieren die USA von Anfang an mit Diktaturen und faschistischen Regimen, auch bei den NATO-Verbündeten in Europa sind nicht nur Demokratien mit an Bord. Entscheidend ist allein die Bereitschaft, sich in eine Front gegen die Sowjetunion einzureihen. Mit dem faschistischen Diktator Spaniens, Francisco Franco, schließen die USA bilaterale Sicherheitsabkommen, bei der NATO ist die faschistische Diktatur Portugal Gründungsmitglied. Während die Geheimpolizei des Diktators António de Oliveira Salazar Oppositionelle zu Tode foltert und in den portugiesischen Kolonien Konzentrationslager einrichtet[5], reihen die USA Portugal in die Gemeinschaft der Demokraten ein.

Oder nehmen wir die Türkei. Tausende politische Gefangene werden nach dem Militärputsch von 1980 gefoltert. Die Zeitung *Cumhuriyet* spricht anlässlich des zehnten Jahrestages am 12. September 1990 von 650 000 politischen Festnahmen, 7 000 beantragten, 571 verhängten und 50 vollstreckten Todesstrafen und dem nachgewiesenen Tod durch Folter in 171 Fällen. Die Türkei bleibt in der NATO. Auch nach dem Militärputsch erhält sie umfangreiche Militärhilfen der USA und ihrer Verbündeten. Einer Mitgliedschaft ist die Herrschaft der Generäle nicht abträglich.

Ebenso in Griechenland. Der Militärputsch von 1967, Konzentrationslager und Morde an Oppositionellen, die Verhaftung Tausender oder Vertreibung ins Exil – alles kein Grund, die Mitgliedschaft zu beenden. Selbst die Invasion des NATO-Mitglieds Türkei in Zypern 1974 infolge des Putsches der griechischen Obristen ist offenbar konform mit dem demokratischen Gründungskonsens des Militärbündnisses.

Nun könnte man das abtun und auf die »tempi passati«, die vergangenen Zeiten verweisen. Aber auch im Jahre 2024 steht die Unterstützung islamistischen Terrors durch die Autokratie Erdogans nicht im Widerspruch zu einer NATO-Mitgliedschaft.[6] Es geht bei der NATO nun einmal nicht um Demokratie und Rechtsstaatlichkeit, sondern allein um geopolitische Gefolgschaft gegenüber den USA. Wie bei einem auf Lügen gebauten Reich lebt die NATO von dieser Mär. In Schulen und Universitäten sind diese Lügen Teil des Bildungsprogramms zur NATO.

Mythos Wertegemeinschaft und Menschenrechte

»Unsere gemeinsamen Werte – individuelle Freiheit, Menschenrechte, Demokratie und Rechtsstaatlichkeit – verbinden uns.« So stellt sich die NATO in ihrem Strategischen Konzept 2022 als Wertegemeinschaft dar. Durch die Kriege der USA und ihrer Verbündeten sind allein in den vergangenen 20 Jahren viereinhalb Millionen Menschen gestorben, bilanziert hingegen die renommierte Brown University in Rhode Island, USA.[7]

Mit dem mannigfach kolportierten Selbstbild der NATO ist dies nicht zu vereinbaren. Die NATO ist keine Gemeinschaft, die Menschenrechte schützt. Im Gegenteil: Die NATO ist der Schutzschirm für die Menschenrechtsverletzungen ihrer Mitglieder. Und zwar keineswegs nur mit Blick auf die Verletzung sozialer Menschenrechte unter der Diktatur massiver Aufrüstung. Vielmehr verfolgt die NATO eine Politik der völligen Straflosigkeit gegenüber Kriegsverbrechen ihrer Mitgliedsstaaten. Wer es wie der australische Journalist Julian Assange wagt, diese Kriegsverbrechen öffentlich zu machen, der wird gefoltert und mit 175 Jahren Haft in den USA bedroht. Ernsthafte Interventionen anderer NATO-Regierungen für die Freilassung von Julian Assange gibt es keine. In eilfertiger Komplizenschaft wird auf Kritik am Hegemon USA verzichtet.

Die von Assange im Jahr 2010 veröffentlichte Dokumente-Sammlung »Afghanistan War Diary« belegt die Existenz einer geheimen US-Truppe, »Task Force 373« genannt, die der rechtsfreien Tötung mutmaßlicher Taliban-Anführer dient.[8] Die 300 Mann starke Elite-Einheit war auch in dem von der Bundeswehr kontrollierten Gebiet in Afghanistan stationiert. Sie stand unter direktem Befehl der US-Regierung und setzte den von der Enthüllungsplattfom *Wikileaks* publizierten Berichten zufolge auch international geächtete Streubomben ein, die wahllos töten und zerstören.

Auch Kriegsverbrechen unter deutscher Beteiligung bleiben ungesühnt. Am 4. September 2009 bombardieren zwei US-amerikanische Kampfflugzeuge auf Befehl von Bundeswehroberst Georg Klein eine Menschenmenge sowie zwei Tanklastzüge auf einer Sandbank des Kundus-Flusses in Afghanistan. Über einhundert Zivilisten werden getötet oder verletzt. Oberst Klein wird für dieses Kriegsverbrechen nicht zur Verantwortung gezogen, sondern wenige Jahre später in der Bundeswehr sogar zum Brigadegeneral befördert.

Am 11. Januar 2002 errichten die USA auf dem widerrechtlich besetzten Marine-Stützpunkt Guantanamo Bay auf Kuba ein Gefangenenlager. Amnesty International schreibt dazu: »Viele der rund 780 Menschen, die seitdem dort gezielt außerhalb jeder gerichtlichen Kontrolle inhaftiert gewesen sind, haben vor oder während ihrer Haft schwerste Menschenrechtsverletzungen erlitten – darunter Folter und Verschwindenlassen. Bis heute werden in Guantánamo Folterüberlebende ohne angemessene medizinische Versorgung, ohne Anklage und faire Gerichtsverfahren auf unbestimmte Zeit festgehalten.«[9] Auch 22 Jahre nach seiner Einrichtung ist eine Schließung des Folterlagers in Guantánamo nicht absehbar.

Die bis heute anhaltenden Folterpraktiken und die Straflosigkeit für Kriegsverbrechen reihen sich in die Verbrechen der USA unter Beihilfe weiterer NATO-Mitglieder ein, die Dick Marty, der Sonderberichterstatter des Europarats aufgedeckt hat. Im Juni 2006 und ein Jahr später im Juni 2007 hat Marty zwei Berichte über US-Geheimgefängnisse und illegale Überführungsflüge von CIA-Gefangenen, sogenannte »Rendition Flights«, vorgelegt.[10] Der Sonderberichterstatter sieht die Existenz von US-Geheimgefängnissen in Polen und Rumänien wie auch die Nutzung von US-Stützpunkten in Deutschland für die CIA-Folterflüge als erwiesen an. Zahlreiche NATO-Mitglieder wie Deutschland, Italien oder Spanien beteiligten sich laut Marty daran, die illegalen Aktivitäten der USA zu vertuschen. Die Beschuldigten gehen ohne Ausnahme straflos aus. Zentrale Absprachen zu den Folterflügen sollen unter dem »Dach der NATO« getroffen worden sein, »vermutlich am Rande eines NATO-Treffens zum Terror-Kampf am 4. Oktober 2001.«[11]

Menschenrechte haben für die NATO einen sehr niedrigen Stellenwert. Das zeigt sich auch an der Wahl der Allianzen der NATO-Mitglieder. So rüsten etwa die USA, Großbritannien und Deutschland die Diktatur in Saudi-Arabien auf, die reihenweise Oppositionelle köpfen lässt und deren Kronprinz Mohammed bin Salman mutmaßlich persönlich den Befehl gab, den *Washington-Post*-Journalisten Jamal Khashoggi im Generalkonsulat von Istanbul zu zersägen.

Rhetorisch bleibt die NATO antithetisch an ihre Praxis gebunden. So heißt es im Strategischen Konzept der NATO von 2022: »Wir werden unsere Geschlossenheit, unseren Zusammenhalt und unsere Solidarität stärken, indem wir auf dem fortwährenden transatlantischen Bund zwischen unseren Nationen und der Stärke unserer gemeinsamen demokratischen Werte aufbauen.« Angesichts der engen Bündnisse mit Diktatoren, Autokraten und Völkerrechtsverletzern wirkt diese Selbstversicherung wie ein schlechter Witz. Begleitet wird diese Heuchelei von doppelten Standards: In ihrem Strategischen Konzept vom 20. Juni 2022 wirft die NATO Russland vor, in der Ukraine »wiederholte Verstöße gegen das humanitäre Völkerrecht« zu begehen.[12] Während die NATO dies als zusätzliche Begründung für ihren Stellvertreterkrieg gegen Russland heranzieht, stärkt sie Israel bei seinen offensichtlichen Verstößen gegen das humanitäre Völkerrecht in Gaza den Rücken und sichert dem Land volle Solidarität zu.[13] Die USA verhindern mit ihrem Veto im UN-Sicherheitsrat jede Resolution für einen sofortigen Waffenstillstand. Ohne die Waffenlieferungen aus den NATO-Staaten USA, Deutschland und Großbritannien wäre dieser Krieg so nicht führbar.[14]

Im Globalen Süden wird diese Doppelmoral des Westens immer stärker kritisiert. Die Menschenrechtsrhetorik von NATO-Staaten gilt dort als rein instrumentell, um eigene geopolitische Interessen zu verbergen oder durchzusetzen. Die NATO erscheint als Wächterorganisation einer zutiefst ungerechten Weltordnung mit neokolonialen Tendenzen. Das zeigt sich nicht zuletzt daran, dass NATO-Mitglieder beim Wirtschaftskrieg gegen Russland mit sogenannten Sekundärsanktionen Drittstaaten wie China, der Türkei oder den Vereinigten Arabischen Emiraten unter Verletzung von deren Souveränität die eigene Politik aufzuzwingen versuchen.[15]

Die Mythen der NATO verklären den Blick auf die Wirklichkeit. Um Auswege aus der gegenwärtigen Krise zu finden, bedarf es ihrer Enthüllung. Darum geht es in diesem Buch. Heute, 75 Jahre nach seiner Gründung, treibt der Militärpakt mit seiner globalen Expansion und seinen Konfrontationen die Welt näher an den Rand eines Dritten Weltkrieges als jemals zuvor. Die kritische Auseinandersetzung mit dem aktuellen Vorgehen des Bündnisses wie auch mit seinen Verbrechen in der Vergangenheit soll die Voraussetzung dafür schaffen, über Alternativen nachzudenken. Alternativen zu einer NATO, die allein auf Abschreckung, Aufrüstung und Konfrontation setzt – und damit das friedliche Zusammenleben der Menschheit existenziell gefährdet.

Seinen Ausgang nimmt das Buch von der aktuell größten Bedrohung des Friedens, dem Stellvertreterkrieg der NATO gegen Russland in der Ukraine, dem die ersten vier Kapitel gewidmet sind. Die Kapitel fünf bis acht unternehmen einen Exkurs in die Geschichte der NATO. Sie handeln von den früheren Verbrechen und Sünden der NATO, die bis in die Gegenwart wirken, indem sie etwa den universellen Geltungsanspruch des Völkerrechts zersetzen oder die nukleare Rüstungskontrolle untergraben. Die Kapitel neun und zehn widmen sich der territorialen und funktionalen Entgrenzung der NATO, die ihre Tentakel zunehmend nach Asien ausbreitet und die mittels kognitiver Kriegsführung sogar den menschlichen Verstand ins Visier nimmt. Die letzten beiden Kapitel elf und zwölf handeln von der Doppelmoral der NATO. Im Fall Julian Assange, dem Dissidenten des Westens, und der Komplizenschaft der NATO-Staaten beim Krieg Israels in Gaza treten die doppelten Standards des Militärpakts offener denn je zutage. Am Ende der Abrechnung steht das Nachdenken über Alternativen: warum es ein kollektives Sicherheitssystem jenseits der NATO braucht und wie dieses aussehen könnte. Dieser Frage widmet sich ein Ausblick.

Kapitel 1

Gebrochene Versprechen

Seit dem 24. Februar 2022, dem Beginn der völkerrechtswidrigen Invasion Russlands in der Ukraine, sieht sich die NATO in einem Stellvertreterkrieg mit globaler Dimension. Russland wird als »größte und unmittelbarste Bedrohung« beschrieben.[1] Der Volksrepublik China und Russland wird vorgeworfen, durch ihre »immer enger werdende strategische Partnerschaft und deren sich gegenseitig verstärkende Versuche die regelbasierte internationale Ordnung zu unterhöhlen« und den NATO-Interessen und NATO-Werten zuwiderzuhandeln. Neben der Frage, wie es um das daraus sprechende globale Geltungsbedürfnis der NATO bestellt ist, liegt eine weitere nahe: Welchen Anteil hat die NATO selbst an der jetzigen Situation?

Diese Frage stellt sich nicht, wenn man der Erzählung folgt, Russland sei plötzlich auf die Idee gekommen, als imperiale Macht zu agieren, gegen die es sich jetzt zur Wehr zu setzen gelte. Wer sich aber einer Antwort nicht verweigert, wird schnell fündig. Die Rede ist vom Versprechen gegenüber der Sowjetunion, die NATO nicht nach Osten auszuweiten. Wenngleich dies in den NATO-Staaten oftmals in Abrede gestellt wird und keine schriftliche Vereinbarung existiert, belegen zahlreiche Dokumente, dass es im Zusammenhang mit der deutschen Wiedervereinigung entsprechende mündliche Zusagen führender westlicher Politiker sowie ein damit verbundenes Problembewusstsein für die Sicherheitsinteressen der Sowjetunion gegeben hat. So sagte der damalige deutsche Außenminister Hans-Dietrich Genscher[2] am 2. Februar 1990 nach einem Treffen mit seinem damaligen US-amerikanischen Amtskollegen James Baker[3] in Washington vor der Presse: »Wir waren uns einig, dass nicht die Absicht besteht das NATO-Verteidigungsgebiet auszudehnen nach Osten. Das gilt nicht nur in Bezug auf die DDR, die wir nicht einverleiben wollen, sondern ganz generell.« Baker selbst sagte bei dem Treffen am 9. Februar 1990 mit dem sowjetischen Staatschef Michail Gorbatschow, die NATO werde sich »nicht einen Zentimeter nach Osten« ausbreiten. Er stimmte Gorbatschows Erklärung zu, als er feststellte, dass »die NATO-Erweiterung inakzeptabel ist«. Diese Sicht bestätigt auch ein Anfang 2022 öffentlich gewordener Vermerk aus dem britischen Nationalarchiv über ein Treffen der politischen Direktoren der Außenministerien der USA, Großbritanniens, Frankreichs und Deutschlands in Bonn am 6. März 1991. Daraus geht hervor, dass sich die beteiligten Staaten zu diesem Zeitpunkt einig sind, dass eine NATO-Mitgliedschaft der Osteuropäer »inakzeptabel« sei. Der Vertreter der Bundesrepublik, Jürgen Chrobog, begründet dies mit den Zusagen des Westens gegenüber der Sowjetunion bei den Verhandlungen über den Grundlagenvertrag für die deutsche Einigung: »Wir haben in den Zwei-plus-Vier-Verhandlungen deutlich gemacht, dass wir die Nato nicht über die Elbe (sic) hinaus ausdehnen. Wir können daher Polen und den anderen keine NATO-Mitgliedschaft anbieten.« Auch der US-Vertreter Raymond Seitz stimmte dem laut Vermerk zu: »Wir haben gegenüber der Sowjetunion klargemacht – bei Zwei-plus-Vier wie auch anderen Gesprächen – dass wir keinen Vorteil aus dem Rückzug sowjetischer Truppen aus Osteuropa ziehen werden (…) Die Nato soll sich weder formal noch informell nach Osten ausdehnen.«[4]

In diesem Sinne enthält der Zwei-Plus-Vier-Vertrag klare Haltelinien gegen eine Stationierung ausländischer Truppen auf dem Gebiet der ehemaligen DDR. Dies schließt selbstverständlich Truppen der USA und anderer NATO-Mitglieder mit ein. In Artikel 5 Absatz 3 des Zwei-Plus-Vier-Vertrages heißt es dazu: »Nach dem Abschluß des Abzugs der sowjetischen Streitkräfte vom Gebiet der heutigen Deutschen Demokratischen Republik und Berlins können in diesem Teil Deutschlands auch deutsche Streitkräfteverbände stationiert werden, die in gleicher Weise militärischen Bündnisstrukturen zugeordnet sind wie diejenigen auf dem übrigen deutschen Hoheitsgebiet, allerdings ohne Kernwaffenträger. Darunter fallen nicht konventionelle Waffensysteme, die neben konventionellen andere Einsatzfähigkeiten haben können, die jedoch in diesem Teil Deutschlands für eine konventionelle Rolle ausgerüstet und nur dafür vorgesehen sind. Ausländische Streitkräfte und Atomwaffen oder deren Träger werden in diesem Teil Deutschlands weder stationiert noch dorthin verlegt.«[5] Hier nahm man also sehr wohl noch Rücksicht auf sicherheitspolitische Bedenken aus der Sowjetunion, anders ließe sich das Stationierungsverbot von ausländischen NATO-Streitkräften und Atomwaffen auf Teilen des Territoriums eines souveränen NATO-Mitglieds kaum erklären.

Ab Mitte der Neunzigerjahre setzte die US-Administration jedoch auf eine konsequente und scheibchenweise Erweiterung der NATO nach Osten bis an die Grenzen Russlands. Dabei ging man etwa so vor wie in dem »boiling frog«-Experiment, bei dem ein Frosch auch im kochenden Wasser sitzen bleibt und sich bei lebendigem Leibe kochen lässt, wenn man die Temperatur nur langsam Stück für Stück erhöht. Während NATO-Staaten alle Anfragen Russlands, ob ein Beitritt zum Militärpakt möglich sei, abschlägig beschieden, wurden in mehreren Schüben alle osteuropäischen Staaten, auch ehemalige Sowjetrepubliken, aufgenommen. Das geschah im Bewusstsein, dass dies in Russland zumindest als Herausforderung, wenn nicht als Bedrohung aufgenommen werden würde. Dem

Land haben sich die historischen Erfahrungen des napoleonischen Feldzugs 1812 und der beiden Weltkriege 1914–1918 und 1939–1945 eingeprägt. Die offenen weiten Ebenen im Westen des Landes sind militärisch nur schwer zu schützen. Geschichte und Geografie besagen zudem, dass die Weite der Landmassen für die Verteidigung entscheidend ist, weil ein Angreifer mit konventionellen Waffen enorme Nachschubprobleme bekommt. Im 21. Jahrhundert kann dieser Nachteil wettgemacht werden: durch Raketen, die nur wenige Hundert Kilometer von den russischen Ballungszentren stationiert werden, mit extrem kurzen Vorwarnzeiten.

Man könnte der Argumentation folgen, dass mündliche Versprechen und Zusagen eben keinen Vertrag ersetzen könnten und dass Russland im Grunde einverstanden gewesen sei, da es keinen deutlichen Widerstand gegen die NATO-Ost-Erweiterung artikuliert hätte. Aber trotzdem war der Weg, den die USA und die NATO mit ihrer Erweiterung in Richtung Russland einschlugen, nicht alternativlos. Die Sicherung der territorialen Unversehrtheit und der Souveränität der osteuropäischen Staaten hätte auch anders geregelt werden können. Beispielsweise in einem Vertrag über Neutralität, der von den ständigen Mitgliedern des UN-Sicherheitsrats – die USA, Großbritannien, Frankreich, Russland und China – garantiert wäre. Der hätte als Teil eines Systems gegenseitiger Sicherheit in Europa gewährleistet werden können. Vor dem Hintergrund der Geschichte ist es mehr als verständlich, dass beispielsweise Polen oder die baltischen Staaten ihre Souveränität gegenüber Russland schützen wollen. Die Frage ist, ob ihnen dies im Rahmen einer expansiven NATO wirklich gelingt. Die Sicherheit als antirussische Frontstaaten könnte sich bei einem Wahlsieg von Donald Trump, dem republikanischen Präsidentschaftsbewerber in den USA, als trügerisch erweisen. Trump hatte mehrfach, zuletzt auf einer Wahlkampfveranstaltung in South Carolina, gesagt, er werde Russland ermuntern zu tun, was es wolle, falls ein NATO-Mitglied nicht genug bezahle.[6] Die NATO-Erweiterung aber bedeutete zugleich eine

Belastung insgesamt im Verhältnis zu Russland. Konflikte der baltischen Staaten etwa mit Russland, was die diskriminierende Behandlung der russischen Minderheiten als Nichtbürger in Estland, Lettland und Litauen angeht, werden nun zu Konflikten der NATO insgesamt mit Russland. Mit der geplanten Zwangsausweisung von tausenden Russen aus Lettlandspitzt sich dieser Konflikt weiter zu.[7] Die politische Diskriminierung russischer Minderheiten unter dem Schutzschirm der NATO bringt weder den baltischen Staaten noch Europa mehr Sicherheit. Indem die NATO durch ihr Schweigen die diskriminierenden Praktiken ihrer Mitglieder an der Grenze Russlands heiligt, muss sie sich den Vorwurf gefallen lassen, zusätzlich Öl ins Feuer zu gießen.

Ob sich bei Finnland und Schweden der NATO-Beitritt als wirklicher sicherheitspolitischer Gewinn herausstellen wird, darf bezweifelt werden, angesichts der Ankündigung Russlands, nunmehr zusätzliche Truppen entlang der gemeinsamen Grenze mit Finnland stationieren zu wollen. Die Norderweiterung der NATO droht wie zuvor die Ost-Erweiterung, nicht mehr Sicherheit für Europa, sondern einen Raum für neue Konflikte zu schaffen.

Verhängnisvoller Fehler

Am 5. Februar 1997 hatte der führende Russland-Experte der USA, der Diplomat und Historiker George F. Kennan, in einem Beitrag für die *New York Times* gewarnt, die NATO bis an Russlands Grenzen zu erweitern. Dies sei der verhängnisvollste Fehler der US-amerikanischen Außenpolitik nach dem Ende der Sowjetunion gewesen. Seine Prognose ist heute eingetreten: »Es ist zu erwarten, dass eine solche Entscheidung die nationalistischen, antiwestlichen und militaristischen Tendenzen in der russischen Öffentlichkeit anheizen, sich negativ auf die Entwicklung der russischen Demokratie auswirken, die Atmosphäre des Kalten Krieges in den

Ost-West-Beziehungen wiederherstellen und die russische Außenpolitik in eine Richtung lenken wird, die uns entschieden missfallen wird.«[8] Der im Jahr 2005 verstorbene Kennan hat auf fatale Weise recht behalten.

Auch mit ihrem sonstigen Verhalten haben die NATO und ihre Mitgliedsstaaten keinerlei Anlass gegeben, ihren Zusagen Vertrauen zu schenken. Die Völkerrechtsbrüche beim Angriffskrieg gegen die Bundesrepublik Jugoslawien 1999, gegen den Irak 2003 und Libyen 2011 trugen dazu bei, dass weltweit gefragt wurde, ob dem kollektiven Westen überhaupt zu trauen sei. Am 17. Februar 2008 erkannte die Mehrheit der NATO-Mitglieder zudem die einseitige Unabhängigkeitserklärung des Kosovo an, der bis heute faktisch ein NATO-Protektorat ist, in dem die Sicherheit durch die NATO-Truppe KFOR vor Ort bestimmt wird. Die Wirkung war international verheerend. Denn von nun an konnte argumentiert werden, dass die Grenzen in Europa durch eine Intervention Dritter doch einseitig veränderbar seien. Der Versuch, die Vorbildwirkung der einseitigen Sezession des Kosovo durch die Bezeichnung als »casus sui generis«, als »ganz besonderen Fall«, zu immunisieren, konnte nicht überzeugen. Kurz danach wurde mit der Entscheidung des Bukarester NATO-Gipfels vom 2. bis 4. April 2008, auf Drängen der USA der Ukraine und Georgien die NATO-Mitgliedschaft anzubieten, die Kriegslunte gelegt.

Zur NATO-Ost-Erweiterung, also zur NATO-Mitgliedschaft osteuropäischer Länder, findet außerhalb der USA eine oft naive und vermutlich bewusst verdrehte Diskussion statt. Die Hauptthesen lassen sich etwa so zusammenfassen: Jeder europäische Staat hat das Recht, dem Militärbündnis beizutreten, wenn er dies will. Wer dies verweigert, beschneidet einseitig dessen Souveränität. Vergessen wird dabei allerdings, dass der Beitritt von den bisherigen Mitgliedern ratifiziert werden muss, da etwa ein Beitritt von Staaten mit Territorialkonflikten den Charakter der Allianz grundlegend verändern würde. Ein Beitritt unter solchen Umständen würde den

Militärpakt in einen Konflikt mit einem Nachbarn oder sogar in einen veritablen Krieg stürzen.

Die NATO-Staaten öffneten mit der Kosovo-Anerkennung 2008 die Tür, durch die Russland in der Folge ging, frei nach dem Motto: »Was ihr könnt, können wir schon lange.« So erkannte Russland nach dem gescheiterten Überfall des georgischen Präsidenten Michail Saakaschwili auf das abtrünnige Südossetien und auf dort stationierte russische Truppen im August 2008 die einseitige Unabhängigkeitserklärung von Abchasien und Südossetien an. Was einen NATO-Beitritt der Ukraine und Georgiens anging, versuchte Moskau, eine rote Linie zu ziehen.

Der Betrug von Minsk

Auch in den folgenden Jahren ließ sich beobachten, wie Moskau zum von der NATO ungewollten Schüler des Paktes wurde. Nach dem vom Westen unterstützten Putsch 2014 in der Ukraine setzte Russland auf eine Abspaltung der Krim und ein Einfrieren des Konflikts der Separatisten in der Ostukraine. Die Minsker Abkommen dienten als eine Art Faustpfand, um einen NATO-Beitritt der Ukraine zu verhindern. Nach dem Massaker im Gewerkschaftshaus von Odessa am 2. Mai 2014 verließ sich die russische Führung auf die Zusicherungen des Westens, mithilfe der Minsker Abkommen Nazis und Nationalisten in der Ukraine zumindest zu bremsen. 2015 urteilte die damalige Bundesregierung auf meine Anfrage zur Kranzniederlegung des ukrainischen Botschafters in Deutschland, Andrij Melnyk, am Grab des ukrainischen Nazi-Kollaborateurs Stepan Bandera in München noch deutlich und klar: »Der Bundesregierung ist ein Tweet des ukrainischen Botschafters bekannt, in dem er über seinen Besuch am Grab Banderas berichtet. Dem ukrainischen Botschafter ist unsere Position hierzu hinlänglich bekannt. Die Bundesregierung verurteilt die von der Organisation Ukrainischer Nationalisten, OUN, teilweise unter Leitung Banderas begangenen Verbrechen an polnischen, jüdischen und ukrainischen Zivilisten und Amtsträgern. Dabei ist sie sich bewusst, dass ein erheblicher Anteil an diesen Verbrechen in Kollaboration mit deutschen Besatzungstruppen begangen wurde.«[9] Später schwieg sie zur Banderisierung der ukrainischen Erinnerungskultur wie auch zur Aufstellung und Ausbildung von Nazi-Bataillonen im Kampf gegen die Separatisten in Osten der Ukraine.[10]

Im Nachhinein erklärte die russische Regierung ihre Enttäuschung, von der NATO, diesmal in Gestalt der deutschen Bundeskanzlerin Angela Merkel und des französischen Präsidenten François Hollande, betrogen worden zu sein. Die frühere Kanzlerin Merkel erklärte im Dezember 2022, also nach dem völkerrechtswidrigen Angriff Russlands auf die Ukraine im Februar 2022: »Das Minsker Abkommen 2014 war der Versuch, der Ukraine Zeit zu geben. Sie hat diese Zeit auch genutzt, um stärker zu werden, wie man heute sieht.« Der russische Präsident Wladimir Putin kommentierte dies mit den Worten: »Ehrlich gesagt, war das für mich absolut unerwartet. Das enttäuscht. Ich habe offen gesagt nicht erwartet, so etwas von der früheren Bundeskanzlerin zu hören.«

In Moskau hatte sich aber offenbar bereits im Jahr 2021 die Erkenntnis durchgesetzt, dass dem Westen an einer wirklichen Umsetzung der Minsker Abkommen nicht gelegen war. Ende 2021 gab es jedenfalls erneut den Versuch Moskaus, durch die Vorlage konkreter Vertragsentwürfe für eine kollektive Sicherheit in Europa einen aus russischer Sicht unhaltbaren NATO-Beitritt der Ukraine zu verhindern. Zuvor griffen ukrainische Kampfdrohnen am 26. Oktober 2021 zum ersten Mal Stellungen der Separatisten in der Ostukraine an. Die Fluggeräte hatte der NATO-Partner Türkei geliefert. Der damalige ukrainische Botschafter in Deutschland, Andrij Melnyk, sagte dazu, sein Land habe ein »legitimes Recht auf Selbstverteidigung«. Die Bundesregierung wie auch Regierungen anderer NATO-Länder äußerten sich lediglich besorgt. Die Vertragsentwürfe Russlands wurden von den NATO-Regierungen, so habe ich es selbst im Auswärtigen Ausschuss des Bundestages erlebt, nicht ernst genommen.

Wolfgang Richter, Bundeswehroffizier im Ruhestand und Experte der Berliner Stiftung Wissenschaft und Politik (SWP), hatte damals richtigerweise konstatiert, dass der Einsatz einer Kampfdrohne durch die Ukraine im Donbass »natürlich ein Bruch der Vereinbarungen« sei. Eine Eskalation sei damit programmiert. »Es wird zu befürchten sein, dass die Gegenseite darauf antwortet«, so Richter.[11]

Richter kritisierte damals schon die stetigen Waffenlieferungen als Eskalationstreiber: »Diese Entwicklung zeigt, dass insgesamt Waffenlieferungen nicht der Abschreckung dienen, sondern dass sie eher die beiden Seiten ermutigen, sie einzusetzen.« Diese Feststellung gilt erst recht im Stellvertreterkrieg gegen Russland seit Februar 2022. Die NATO verbindet ihn mit dem Ruf nach immer mehr und immer schwereren Waffen.

Was deren Nutzen angeht, stellt heute NATO-Generalsekretär Jens Stoltenberg fest: »Das ist ein gutes Geschäft. Mit einem Bruchteil des amerikanischen Verteidigungsbudgets konnten wir die russische Armee erheblich beschädigen und degradieren. Und deshalb sollten wir damit auch weitermachen. Nicht zuletzt, weil wir wissen, dass das meiste Geld in den USA ausgegeben wird. Wir kaufen Waffen in den USA, um die Ukraine zu unterstützen. Das sichert Arbeitsplätze in Amerika und macht uns alle sicherer.« Während die Ukrainer in diesem Krieg regelrecht verheizt werden, wird so klar, warum es kein Interesse der NATO an einem Waffenstillstand gibt.

Kapitel 2

Wie die NATO den Krieg befeuert und einen Frieden verhindert

Nach dem völkerrechtswidrigen Einmarsch Russlands am 24. Februar 2024 hat sich der Krieg in der Ukraine zu einem Stellvertreterkrieg der USA entwickelt. Stellvertreterkrieg? Ja sicher. Auch der ukrainische Botschafter in Deutschland, Oleksii Makeiev, benutzte diesen Begriff und beschwor dabei einen Kulturkampf: »Es gibt dafür einen Begriff im Deutschen: Stellvertreterkrieg. Keiner kämpft sonst gegen Russland. Aber die Ukrainer machen es. Russland führt einen Krieg nicht nur gegen die Ukraine, sondern gegen Europa und die ganze zivilisierte, demokratische Welt. Und in diesem Krieg stehen die Ukrainer an der Front.«[1]

Auch für NATO-Generalsekretär Jens Stoltenberg gehören die Ausgaben für westliche Militärhilfe und Waffenlieferungen an die Ukraine zu einem Krieg gegen Russland. In der Ukraine soll nach ihm Russland niedergerungen werden. Dazu zählt der Wirtschaftskrieg, der Russland ruinieren soll, neben dem sich die NATO de facto im Krieg mit Russland sieht. Nur die Entsendung eigener Truppen wird von den meisten NATO-Staaten weiterhin ausgeschlossen. Wer noch Zweifel hatte, dass es sich um einen bewusst geführten Stellvertreterkrieg handelt, wurde im Februar 2024 eines besseren belehrt. Am 26. Februar plauderte der slowakische Ministerpräsident Robert Fico offen aus, dass auf dem Pariser Gipfel von 25 Staaten am gleichen Tag über die Entsendung eigener Truppen diskutiert worden war. Auf einer Pressekonferenz nach dem Treffen bekannte sich der französische Präsident Emmanuel Macron zu solchen Überlegungen. Er verkündete, dass »die Niederlage Russlands für die Sicherheit und Stabilität Europas unerlässlich ist«. Deshalb sei eine Dynamik, die zur Entsendung von Bodentruppen führe, nicht von vornherein auszuschließen.[2]

Es folgten zwar Dementis der meisten NATO-Staaten – Ausnahmen waren zum Beispiel Polen und Litauen –, aber aus der Ukraine ertönte sofort der Ruf nach Truppen, womit der Geist aus der Flasche war. Kritisiert wurde Frankreichs Präsident Macron vor allem, weil er offen ausgesprochen hatte, dass es um einen Krieg gegen Russland geht – möglichst mit anderen, ukrainischen Soldaten. Zu diesem Zeitpunkt hatte der britische Premierminister Rishi Sunak bereits eingestanden, dass sich kleinere britische Truppenkontingente schon in der Ukraine befinden. Sie »betreuen« unter anderem die Zielplanung und den Einsatz britischer und französischer Marschflugkörper vom Typ »Storm Shadow« und »Scalp«. Das geht aus dem am 1. März 2024 von russischen Medien öffentlich gemachten vertraulichen Gespräch hochrangiger deutscher Luftwaffenoffiziere, dessen Echtheit vom Bundesverteidigungsministerium bestätigt wurde, und aus Äußerungen von Bundeskanzler Olaf Scholz hervor.[3] Hinzu kommt: Eine große Zahl sogenannter Freiwilliger aus NATO-Staaten leistet aufseiten der Ukraine Kriegsdienste.[4]

Größte Herausforderung der NATO

Der Stellvertreterkrieg in der Ukraine ist die bisher größte Herausforderung des Militärpakts seit seiner Gründung vor 75 Jahren. Dabei sind es vor allem die USA, die auf einen Sieg gegen Russland im

Osten Europas drängen. Washington nimmt dabei Europa stark mit in Haftung. Nach Angaben des Kieler Instituts für Weltwirtschaft haben EU-Länder und EU-Institutionen bis Mitte Januar 2024 insgesamt 144,1 Milliarden Euro seit Beginn des Krieges zugesagt, während sich die zugesagten Finanzhilfen der USA auf 67,7 Milliarden Dollar beliefen. Auch bei der Militärhilfe hat Europa die USA weit hinter sich gelassen. Die europäischen Länder, darunter die allermeisten Mitglieder der NATO, haben der Ukraine militärische Hilfe von 62,4 Milliarden Euro zugesagt, während die USA mit versprochenen 42,2 Milliarden Euro weit dahinter zurückblieben. Diese Tendenz scheint sich noch zu verstärken. Nicht nur die Republikaner in den USA drängen darauf, den Anteil der USA im Vergleich zu Europa weiter herunterzufahren, da die USA ihre militärischen Ressourcen vorrangig gegen China und im Nahen Osten wie auch zur Sicherung der Grenze einsetzen sollen. Die Ukraine wird dabei wie ein De-facto-NATO-Mitglied behandelt, dem man militärischen Beistand zukommen lässt – bisher noch mit Ausnahme der offiziellen Entsendung von Bodentruppen. Daran ändert auch die terroristische Praxis des ukrainischen Militärgeheimdienstes nichts, Oppositionelle im Ausland zu ermorden und sich dazu zu bekennen.[5]

Allein der Umfang der finanziellen Mittel stellt alles in den Schatten, was bisher von den NATO-Staaten in Kriegen und Konflikten eingesetzt wurde. Wie einst in Afghanistan wurde die Parole ausgegeben, »Europa« werde in der Ukraine verteidigt. Angesichts der ausbleibenden militärischen Erfolge der Ukraine droht jetzt sogar ein Überbietungswettbewerb bei der militärischen und finanziellen Unterstützung der Ukraine unter den NATO-Staaten selbst. Sie haben sich diesen Krieg als ihren Krieg zu eigen gemacht. Damit aber sind die militärischen Niederlagen der Ukraine Niederlagen der NATO. Die globale Glaubwürdigkeit der USA und der NATO wird aufs Spiel gesetzt. »Russland darf nicht siegen« lautet folgerichtig der Ruf aus den Reihen der Staats- und Regierungschefs, der allerdings immer verzweifelter klingt. Um die riesigen Aufwendungen für die Ukraine-Hilfe und die gigantische Aufrüstung zu rechtfertigen, wird ein Angriff Russlands auf das NATO-Gebiet in wenigen Jahren beschworen. Tatsache ist aber: Mit ihrem Stellvertreterkrieg sitzt die NATO in der selbstgestellten Falle. Stolz vermeldete Stoltenberg im am 14. März 2024 veröffentlichten NATO-Jahresbericht 2023: »Wir haben die Ukraine näher an die NATO gebracht als jemals zuvor.«[6] Auch deshalb scheint der NATO eine Zustimmung zu einem Waffenstillstand und einer diplomatischen Lösung ohne Gesichtsverlust offenbar nicht mehr möglich zu sein.

Boris Johnson interveniert in Kiew

Das gilt umso mehr, als die NATO bereits im Frühjahr 2022 eine mögliche Friedenslösung wenige Wochen nach Beginn des Krieges verhindert hat – damals allerdings noch im Rausch eigener Überlegenheit und eines kommenden sicheren Sieges der Ukraine. Zuvor hatten sich die Ukraine und Russland am 29. März 2022 unter Vermittlung allen voran Israels und der Türkei auf das »Istanbuler Kommuniqué« geeinigt. Im Kern der Vereinbarung, welche die Grundlage für ein Friedensabkommen hätte sein können, stand die Zusage der Ukraine, Neutralität zu wahren, indem sie auf eine Mitgliedschaft in der NATO, die Einrichtung ausländischer Militärstützpunkte und Truppenkontingente sowie die Herstellung von Atomwaffen verzichtet. Im Gegenzug erklärte sich Russland bereit, seine Truppen abzuziehen, die territoriale Integrität der Ukraine mit Ausnahme der Krim zu achten und internationalen Sicherheitsgarantien für die Ukraine zuzustimmen.

Diese angesichts der russischen Gebietsgewinne für die Ukraine aus heutiger Sicht vorteilhafte Kompromisslösung scheiterte am Widerstand der NATO, allen voran der USA und Großbritanniens. Am 9. April reiste der damalige britische Premier Boris Johnson zu einem Überraschungsbesuch nach Kiew und drängte im Auftrag der USA die ukrainische Führung, die weit fortgeschrittenen Friedensverhandlungen mit Russland aufzugeben und stattdessen weiterzukämpfen.[7]

Dass NATO-Staaten eine Friedenslösung verhindern wollten, was hiesige Meinungsmacher monatelang als »Verschwörungstheorie« unter den Teppich zu kehren versuchten, wurde inzwischen durch alle an den Vermittlungen beteiligten Parteien bestätigt.[8] Dazu zählen neben dem damaligen israelischen Ministerpräsidenten Naftali Bennett, dem türkischen Außenminister Mevlüt Çavuşoğlu und Ex-Bundeskanzler Gerhard Schröder, die als Vermittler in die Verhandlungen involviert waren, mit Dawyd Arachamija, dem Fraktionsvorsitzenden der Partei des ukrainischen Präsidenten Wolodymyr Selenskyj, und dem russischen Präsidenten Putin auch Vertreter der beiden Konfliktparteien.[9]

Um die unrühmliche Rolle des Westens zu verschleiern, trugen etwa öffentlich-rechtliche Medien mittels angestrengter »Faktenchecks« den Einwand vor, die Verhandlungen über einen Waffenstillstand und ein Friedensabkommen seien daran gescheitert, dass Anfang April Kriegsverbrechen der russischen Streitkräfte in Butscha bekannt wurden.[10] Neben der klaren Quellenlage mit Blick auf die westliche Intervention zur Verhinderung einer Friedenslösung scheint dies schon allein deshalb nicht sonderlich überzeugend, da die Verhandlungen zwischen der Ukraine und Russland auch nach Bekanntwerden von Butscha fortgesetzt und erst im Juni 2022 ganz eingestellt wurden. Offenbar kam es in den Tagen unmittelbar nach den Veröffentlichungen zu Butscha sogar zu Fortschritten bei den Verhandlungen. So arbeiteten die russischen und ukrainischen Unterhändler die Vereinbarungen des Istanbul Kommuniqués bis zum 15. April zu einem 17-seitigen Entwurf eines Friedensvertrags aus, wie aus einem Bericht des *Wall Street Journals* von Anfang März 2024 hervorgeht.[11] Demzufolge enthielt der Vertragsentwurf etwa nähere Bestimmungen zu der Frage der internationalen

Sicherheitsgarantien, die durch die ständigen Mitglieder des UN-Sicherheitsrats gewährleistet werden sollten.

An der Torpedierung eines Friedensabkommens zeigt sich die zynische Strategie der NATO. Statt das Sterben in der Ukraine durch einen Waffenstillstand zu stoppen, ist es ihr offenbar wichtiger, Russland eine Niederlage zuzufügen. Dessen Schwächung soll vor allem auch China schaden und dessen globalen Aufstieg bremsen. Nicht zum ersten Mal in der Geschichte unterschätzt die NATO hierbei jedoch die Ressourcen, die Kriegsproduktion und die militärische Lernfähigkeit Russlands massiv. So falsch wie der US-amerikanische Generalstabschef Mark Milley Anfang Februar 2022 lag, als er den Fall Kiews bei einem russischen Angriff auf drei Tage schätzte, so falsch lag man bei den ständig von westlichen Militärexperten beschworenen Niederlagen Russlands.

Die Dynamik des Stellvertreterkrieges speist sich allerdings auch aus diesem Glauben an die eigenen Siegesmeldungen. Er ist zumeist verbunden mit dem Glauben an diverse westliche Wunderwaffen. Die von der Realität enttäuschte NATO richtet sich immer wieder durch Forderung nach neuen Waffen, nach immer mehr Waffen und immer schwereren Waffen auf. Je schlechter die militärische Lage, desto lauter werden die Rufe aus den NATO-Eliten, im tiefen Hinterland Russlands Ministerien, Straßen und Brücken anzugreifen. Es wirkt, als wolle man einem totalen Krieg das Wort reden. Die NATO-Politiker gleichen immer mehr Glücksspielern am Roulettetisch, die als Reaktion auf Verluste ihre Einsätze erhöhen. Am Ende bliebe nur noch das »All-In«, der Einsatz eigener Truppen, die direkte Kriegsbeteiligung mit dem Risiko eines Atomkrieges und eines Dritten Weltkrieges, der zumindest, was Europa angeht, mit hoher Wahrscheinlichkeit in der völligen Selbstauslöschung enden würde.

Bauernopfer Ukraine

Die Versuche vonseiten der NATO, den Stellvertreterkrieg legitimieren zu wollen, sind hilflos. Sie demonstrieren lediglich die eigene Doppelmoral. Wenngleich etwa die Feststellung richtig ist, dass Russland einen völkerrechtswidrigen Angriffskrieg führt, so haben NATO-Staaten wie die USA gegen den Irak oder auch die Türkei in Syrien und im Irak mit ihren Kriegen ebenfalls das Völkerrecht gebrochen. Keiner der NATO-Staaten dachte selbstverständlich auch nur einen Augenblick daran, den Angegriffenen zur Hilfe zu eilen oder sich auch nur verbal in diese Richtung zu äußern – abgesehen davon, dass eine Auflehnung gegen die USA als gefährliche Albernheit einzustufen wäre. Die immer wieder postulierte Pflicht, dies im Falle der Ukraine tun zu müssen, erweist sich zumindest von denjenigen, die die Hilfe im Irak-Krieg verweigerten, als Scheinargument. Ähnliches gilt für die Verletzungen des humanitären Völkerrechts durch Russland: Bei der Waffenhilfe für Israel schauen die NATO-Staaten nahezu unisono bei eklatanten Verletzungen des Kriegsvölkerrechts systematisch weg. Tatsache ist: Die Ukrainer sollen allein für die geopolitischen Ziele der USA und ihrer NATO-Verbündeten sterben – eine bittere Wahrheit. Solange diese Ziele nicht erreicht sind, verhindern die NATO-Staaten jeden Versuch eines Waffenstillstandes in der Ukraine.

Der Stellvertreterkrieg droht sich allerdings als Bumerang zu erweisen – für die NATO als Ganzes. Er verbraucht nicht nur ihre militärischen Reserven, sondern erschüttert auch den Anspruch ihrer Führungsmacht USA auf den Status als einzig verbliebene Weltmacht. Der 2017 verstorbene US-Sicherheitsberater Zbigniew Brzezinski, mit dem ich mich bei einem Besuch im Weißen Haus auf Einladung des US-Präsidenten Barack Obama in Washington im Jahr 2011 ausführlich über internationale Fragen ausgetauscht habe, hatte bereits 1997 festgestellt: »Eurasien ist somit das Schachbrett, auf dem sich auch in Zukunft der Kampf um die globale Vorherrschaft abspielen wird.«[12] Im ukrainischen Stellvertreterkrieg aber droht nach eigenem Verständnis nicht nur ein Bauernopfer ohne Verbesserung der eigenen Gewinnaussichten, sondern ein Gambit, das zum Verlust der Gesamtpartie führt. Am gravierendsten aber sind die Menschenleben, die sinnlos aufgeopfert werden. Hundertausende auf beiden Seiten könnten noch leben, wenn der Waffenstillstand im Frühjahr 2022 nicht torpediert worden wäre.

Die Zukunft der NATO verdüstert sich ausgerechnet auf dem Zenit ihrer Macht. Es droht eine Überdehnung der eigenen Ressourcen, wie sie auch am Anfang des Endes des Römischen Reiches stand. Eine unfriedliche NATO ist dabei, sich selbst zu zerstören. Selbst für diejenigen, die für die Auflösung des Militärpakts streiten, kann dies kein Augenblick der Freude sein. Zu gefährlich sind die Tendenzen der NATO in Richtung einer Selbstzerstörung für die Bevölkerungen gerade in Europa. Eine Überführung in ein kollektives, defensiv ausgerichtetes Sicherheitssystem muss der Implosion vorbeugen.

Kapitel 3

»Zeitenwende« und Kriegstüchtigkeit

Im gegenwärtigen Konflikt mit Russland scheint man bei der NATO noch den Mythen der Achtzigerjahre nachzuhängen. Die Strategie, Russland ähnlich wie damals die Sowjetunion totzurüsten, blendet die Wirklichkeit im dritten Jahrzehnt des 21. Jahrhunderts schlicht aus. Russland gibt nicht 13 Prozent seines Bruttoinlandsprodukts für Waffen und Rüstung aus, wie es damals die Sowjetunion tat. Der Versuch, Russland vom Import von Hochtechnologie abzuschneiden, ist wenig erfolgversprechend – China und Indien stehen bereit.

Dennoch beschleunigt die NATO die Fahrt zu immer neuen Rüstungsrekorden. Sie gibt im Vergleich zu China das Fünffache für Waffen aus, im Vergleich zu Russland das 15-Fache. Dabei wird die eigene Strategie auch begrifflich entgrenzt. So ist nicht mehr von einer Verbesserung der Verteidigungsfähigkeit die Rede, sondern, wie es der deutsche Verteidigungsminister Boris Pistorius (SPD) sagte, von der Erlangung einer »Kriegstüchtigkeit«.[1] Um die exorbitanten Rüstungsausgaben gegenüber der eigenen Bevölkerung zu rechtfertigen, wird ein in wenigen Jahren bevorstehender Angriff Russlands auf das NATO-Gebiet beschworen. Gleichzeitig wird die eigene Beteiligung am Stellvertreterkrieg in der Ukraine beständig hochgefahren und ein direkter Konflikt mit der Atommacht Russland riskiert. Die bereits erwähnte 38-minütige Tonaufnahme einer Diskussion von hochrangigen Bundeswehroffizieren über mögliche Angriffe auf die Brücke von Kertsch sowie auf Munitionsdepots auf der Krim belegt einmal mehr: Den Konflikt mit Russland schürt die NATO. Das besagt auch die in dem Gespräch angesprochene Einbindung von britischen Soldaten wie auch »viele[n] Leute[n] mit amerikanischem Akzent in Zivilklamotten« in den Krieg. Die Initiative zur weiteren Eskalation geht eindeutig vom Westen aus.

Rüstungsrekorde und sozialer Kahlschlag

Für das Jahr 2023 konnte die NATO neue Rekordausgaben vermelden. 18 von 31 Mitgliedsstaaten erreichten das 2014 festgelegte Zwei-Prozent-Ziel an Militärausgaben. Dies bedeutete wie in Deutschland enorme Steigerungen der Militärausgaben. Die Bundesregierung meldete für 2023 einen Spitzenwert von 73,41 Milliarden Euro an die NATO. Die europäischen NATO-Mitglieder erhöhten ihre Ausgaben im vergangenen Jahr insgesamt um elf Prozent auf über 350 Milliarden Euro, mehr als das Dreifache, das Russland aufwandte.

Ein Teil dieser Aufrüstung wird über Kriegskredite finanziert. Das erklärt die Höhe der Haushaltsdefizite. Der Haushaltssaldo Frankreichs betrug 2023 bereits 5,1 Prozent des Bruttoinlandsprodukts (BIP), der Italiens lag bei 4,2 Prozent, das Defizit der Eurozone betrug insgesamt etwa 3,3 Prozent, Deutschlands noch 2,6 Prozent. Die EU plant derzeit, Verteidigungsausgaben bei der Bewertung des Defizits gemäß der EU-Schuldenregeln zu berücksichtigen, mit dem offenkundigen Ziel, Ausgaben für Rüstung und Militär an den eigenen Stabilitätskriterien vorbei auszuweiten.[2] Bereits jetzt aber schlägt die gigantische Aufrüstung der NATO-Staaten wie auch der flankierende Wirtschaftskrieg in einen sozialen Krieg gegen die Bevölkerungen um. Sie werden zur Kasse gebeten. Italien ist dabei neben Deutschland ein besonders gravierendes Beispiel. 2022 sanken die Reallöhne in Italien um 3,6 Prozent, 2023 noch um 2,1 Prozent. Die Rechtsregierung Giorgia Melonis strich die Sozialhilfe massiv zusammen. Alleinstehende Arbeitslose zwischen 18 und 59 Jahren erhalten in Zukunft nur noch 350 Euro statt 780 Euro im Monat und dies auch nur noch für zwölf Monate, wenn sie an einer Wiedereingliederungsmaßnahme teilnehmen. In Deutschland, wo jeder fünfte Euro des Bundeshaushalts künftig in Militär und Rüstung fließen soll, gibt es nicht nur für Bauern massive Kürzungen, sondern auch bei Bildung und Infrastruktur. Für die geplante Kindergrundsicherung in Höhe von 2,4 Milliarden Euro ist offenbar kein Geld mehr da – und dies ist nur der Anfang. In Frankreich wiederum setzt Präsident Macron unter Umgehung der Nationalversammlung massive Rentenkürzungen durch. Ein weiterer sozialer Kahlschlag ist geplant, denn für die Aufrüstung wird dringend frisches Geld benötigt.

Allerdings ziehen genau diese antisozialen Angriffe auf die Bevölkerung immer schärfere soziale Proteste nach sich – eine Ironie des Schicksals. Denn nach eigenem Selbstverständnis machen sich die NATO-Staaten dabei immer angreifbarer für hybride Operationen zur Destabilisierung ihrer Gesellschaften. Wie bei den Wirtschaftssanktionen drohen die Regierungen der Länder sich ins eigene Bein zu schießen, was Sicherheit und Stabilität angeht. Die Aufgabe der NATO war es schon immer, »alle Möglichkeiten für eine kapitalistische Expansion offen zu halten«, schrieben Andreas Buro und Martin Singe bereits 2009 in den *Blättern für deutsche und internationale Politik*.

Neokoloniale Unterdrückung

Bei ihrem Versuch aber, Russland niederzurüsten, verschärfen die NATO-Staaten nicht nur innere soziale Gegensätze, sondern spitzen auch die internationalen Widersprüche extrem zu. Zum einen streben die Mitglieder des Pakts danach, durch die Ausweitung der

Russland-Sanktionen auf Dritte, durch sogenannte Sekundärsanktionen, anderen Staaten im globalen Süden den eigenen Willen aufzuzwingen. Damit halten sie die neokolonialen Ausbeutungsverhältnisse aufrecht, wenn sie nicht sogar verschärft werden. Dabei bringt die NATO aber immer größere Teile der dortigen Bevölkerung gegen sich auf, wie es gerade in der Sahelzone passiert. Die Staaten dort sind nicht mehr bereit hinzunehmen, dass Vasallenregierungen Rohstoffe für ein paar Glasperlen an westliche Privat- oder Staatskonzerne abgeben. »Mit Nigers Uran bekommt Frankreich Strom und Geschäfte, Niger bekommt Verschmutzung und Radioaktivität«, zitiert die *taz* dazu passend einen französischen Bergbauingenieur.[3] Nach dem von der Bevölkerung getragenen Umsturz in Niger ist dieses ausbeuterische Geschäftsmodell gefährdet. Zentrale Staaten des Sahel wie Mali, Burkina Faso und Niger wenden sich nun an Russland und China, um der Drangsalierung des französischen und des EU-Neokolonialismus zu entkommen. Frankreich aber unterstützt Putsche und blutige Gewalt in der Region, zuletzt im Tschad, dessen Regierung den sozialistischen Oppositionsführer Yaya Dillo Djérou am 28. Februar 2024 ermorden ließ, um ihr Unrechtsregime aufrechtzuerhalten. Dabei erhält sie großzügige Unterstützung von anderen NATO-Mitgliedern wie den USA und Deutschland sowie auch Ungarn, das mit zweihundert Militärberatern vor Ort ist.[4]

Hauptprofiteure Rüstungsschmieden

Die NATO, unterstützt von der EU, wird so zum Symbol sozialer Unterdrückung im In- und Ausland. Ihr Geschäftsmodell scheint die seit ihrer Gründung größten Gegenkräfte hervorzubringen. Der Militärpakt selbst droht zu einer Allianz für neokoloniale Unterdrückung und imperialistische Ausbeutung zu werden. Dabei ist bemerkenswert, dass die wirklichen Profiteure des Rüstungswettlaufs allein die Großaktionäre der Waffenlieferanten in den NATO-Staaten sind. Auch der Stellvertreterkrieg in der Ukraine läuft auf eine gigantische Umverteilungsaktion hinaus. Während die Arbeiter den Krieg mit Sozialkürzungen und Reallohnverlusten bezahlen – in Deutschland ist der Reallohn 2023 auf den Stand von 2016 gesunken –, profitieren die Aktionäre der Großkonzerne und können sich über Rekordgewinne freuen. Ganz besonders betrifft dies allerdings die Rüstungsunternehmen. So jubelte das Internetportal *Finanzmarktwelt* am 14. Februar 2024: »Lag der Gewinn pro Aktie vor Kriegsausbruch im Jahr 2021 noch bei 9,04 Euro, waren es in 2022 bereits 10,64 Euro. Für 2023 sollen es 13,75 Euro werden (...). Und für 2024 sollen es bei Rheinmetall bereits 19,22 Euro Gewinn pro Aktie sein – eine Steigerung von mehr als 100 Prozent im Vergleich zum Vorkriegsjahr 2021. Auch der Umsatz soll enorm ansteigen: von 5,66 Milliarden Euro in 2021 auf 9,46 Milliarden Euro in 2024.«[5] Am stärksten profitieren aber US-amerikanische Rüstungskonzerne, die den Löwenanteil auch der europäischen Steuerzahlergelder auf ihre Konten lenken können. So kaufte Deutschland 2023 zum Beispiel für 7,75 Milliarden Euro 60 schwere US-Transporthubschrauber des Typ CH-47F Chinook des Herstellers Boeing. Fragen, ob und wie sinnvoll in den Zeiten des Kampfdrohnenkriegs gerade diese Rüstungsanschaffung ist, wurden nicht gestellt.

Die angestrebte Kriegstüchtigkeit besteht offenbar vor allem in der Förderung der Profite von US-Rüstungsunternehmen durch Aufträge europäischer Verbündeter. Der Militärhistoriker Sönke Neitzel prophezeite der Bundeswehr mit ihrer Stationierung an der russischen Grenze aufgrund ihrer fehlenden Kampfdrohnenabwehr, dass »sie dort nur mit Anstand sterben könne«, sollte es zu einem bewaffneten Konflikt kommen.[6] Kriegstüchtigkeit ist nicht mehr als eine Chiffre für militärische Großmäuligkeit, brandgefährliche Hybris und ein bedingungsloses Eintreten für eine radikale Umverteilung in der Gesellschaft von unten nach oben.

Kapitel 4

Wirtschaftskrieg – das Imperium und seine Vasallen

Die NATO war immer auch ein Instrument, um ihre Mitglieder den Interessen der USA unterzuordnen. Das Verhältnis bei den Militärausgaben war einfach zu ungleich. Die USA waren und sind zudem mit mehr als 5200 atomaren Sprengköpfen die einzige ernst zu nehmende Atommacht des Bündnisses. Großbritannien mit 290 Sprengköpfen und die französische Force de Frappe mit 225 reichen allenfalls an die Abschreckungswirkung von Indien, Pakistan, Israel und Nordkorea heran.

Im Verlauf des Ukrainekriegs hat sich diese Unterordnung unter die USA sowohl der EU als Ganzes als auch die der einzelnen Mitgliedsstaaten verstärkt. Zudem hat der Wirtschaftskrieg gegen Russland diese Konstellation weiter zuungunsten der Europäer verschoben. Letztlich sind die europäischen NATO-Mitglieder auf das Niveau von Klientelstaaten herabgesunken, die im Tausch für vermeintlichen Schutz auf eine wirklich eigenständige Außen- und Sicherheitspolitik verzichten. Dies ist besonders gefährlich, wenn wie im Falle der USA der Hegemon eine Politik der Eskalation verfolgt, um den eigenen Abstieg zu verhindern oder zumindest zu bremsen. Betrieben wird diese »selbstlose« Politik der Unterordnung von einer politischen Elite in den europäischen NATO-Mitgliedern, die sich offenbar selbst als politischer Ausschuss einer Kompradoren-Bourgeoisie wie im Lateinamerika der Siebzigerjahre versteht, die allein die Interessen von US-Konzernen bedient. Die Einforderung demokratischer Souveränität brandmarkt sie abwechselnd als nationalistisch oder als moskauhörig und versucht so, Kritik zum Schweigen zu bringen. Das ist durchsichtig, aber medial allgegenwärtig.

Nord-Stream-Terror und Energiesouveränität

Im strategischen Konzept der NATO von 2022 wird die reale Unterordnung der EU überdeutlich. Die EU wird zunächst als einzigartiger und unentbehrlicher Partner für die NATO beschrieben. NATO und EU spielten »bei der Förderung von Frieden und Sicherheit auf der Welt eine einander ergänzende, kohärente und sich gegenseitig verstärkende Rolle«.[1] Die gemeinsamen Anstrengungen im euroatlantischen Raum werden hervorgehoben. Von den Konzepten einer zivilen und friedlichen EU bleibt dabei nichts mehr übrig. Die EU ist zu einer Filiale von USA und NATO geworden. Sie ergänzt deren Politik und versucht, eigenständig die Eskalation im Stellvertreterkrieg voranzutreiben. Die EU greift den USA und der NATO mit milliardenschweren Finanzhilfen und Rüstungsgeschenken für die Ukraine unter die Arme. Im flankierenden Wirtschaftskrieg trägt man die Hauptlast schon wegen der handelspolitischen Verflechtungen mit Russland vor dem Krieg. Die Selbstamputation bei den russischen Energielieferungen nützt insbesondere den amerikanischen Fracking-Konzernen sowie der US-Industrie insgesamt. Sie hatte in der EU einen unliebsamen Konkurrenten, der nun dabei ist, die Wettbewerbsfähigkeit seiner Industrie zu ruinieren, und auf eine wirtschaftliche Depression zusteuert. Bis zum Ende des Jahres 2024 hat die EU den Stopp aller Gaslieferungen aus Russland in Aussicht gestellt. Damit trennt sich Europa nach den Terroranschlägen auf die deutsch-russischen Pipelines Nord Stream 1 und Nord Stream 2 völlig von einer preiswerten Versorgung mit russischer Energie, während im Gegenzug, wenn auch in geringer Menge, russische Energie weiter über Indien und Belgien importiert wird, allerdings zu ganz anderen Preisen und nicht mehr direkt. Ziel der US-Administration bereits vor dem Februar 2022 war es, die russischen Energielieferungen an Europa und insbesondere an Deutschland drastisch zu reduzieren, wenn nicht zu stoppen. Der Grund war einfach: Preiswerte und sichere Energie aus Russland sicherte der deutschen Industrie einen Wettbewerbsvorteil. Die USA setzten alles daran, ihn zu beseitigen und eine Sonderbeziehung Deutschlands zu Russland im Geiste der Entspannungspolitik der Siebzigerjahre zu verhindern. Sie wäre für einen Wirtschaftskrieg, mit dem Russland niedergerungen werden soll, nachteilig.

Am entschiedensten ging US-Präsident Donald Trump gegen den Bau der Nord-Stream-Pipeline vor. Sein damaliger Botschafter in Deutschland, Richard Grenell, erklärte gar, Bundeskanzlerin Merkel sei schuld am Krieg in der Ukraine, da sie Präsident Trump nicht bei dessen Vorgehen gegen die Nord-Stream-Pipeline gefolgt sei. US-Präsident Joe Biden steht dem de facto in nichts nach. Apodiktisch erklärte er bereits sieben Monate vor den Anschlägen, dass es diese Pipeline nicht geben werde. Der US-Starjournalist Seymour Hersh, der sich auf Whistleblower aus den US-Sicherheitsapparaten stützt, fand heraus, dass der US-Präsident direkt für die Sprengung der Pipeline verantwortlich war. Internationale Mainstreammedien reagierten zunächst mit dem Versuch, Hersh zu diskreditieren. Danach folgte die Räuberpistole, wonach die Anschläge von sechs der Ukraine nahestehenden Personen von einer kleinen Segeljacht aus verübt worden seien. Die wahren Täter bleiben im Dunkeln. Schweden und Dänemark haben die Ermittlungen mittlerweile eingestellt. Die Bundesregierung verweigert sich einer internationalen Untersuchung des größten Terroranschlags in der europäischen Geschichte und hat, wie Spötter bemerken, weniger Ermittler als bei einem mittelschweren Kaufhausdiebstahl im Einsatz. Ein Schelm, der Böses dabei denkt. Tatsache ist, dass die offen erklärte Absicht der USA, zu bestimmen, wie die Energieversorgung Deutschlands auszusehen hat, ein Schlaglicht auf die demokratische Souveränität Deutschlands wirft. Nicht die deutsche Bevölkerung entscheidet über grundlegende Fragen, sondern die Strategen in Washington.

Vasallen Washingtons

Das Online-Preisvergleichsportal *Verivox* hatte recherchiert, was dieser Souveränitätsverlust für die deutschen Verbraucher bedeutet. Die Zeitungen der Funke Mediengruppe berichteten darauf gestützt am 25. Februar 2024, die Preise für Heizen, Strom und Tanken lägen immer noch 41 Prozent »über dem Vorkrisenniveau«.[2] Ein Drei-Personen-Haushalt müsse gegenwärtig 1534 Euro mehr als im Februar 2021 für all das zusammen ausgeben.

Das Vasallenverhältnis in der NATO ist eine Mischung aus Washingtoner Diktat und voraus- oder nacheilender Umsetzung durch die Regierungen der jeweiligen Staaten. Dieses Verhältnis von Herr und Knecht geht weit über das hinaus, was im NATO-Vertrag ohnehin an Bestimmungen zur Sicherung der US-Dominanz enthalten ist. So ist zum Beispiel vertraglich festgelegt, dass der Oberkommandierende über alle NATO-Operationen (Alliierter Oberkommandierender in Europa) immer ein US-Amerikaner sein muss, in Personalunion mit dem Posten des Oberkommandierenden der US-Truppen in Europa. Während man früher noch argumentieren konnte, dies sei gerechtfertigt, da die USA den höchsten Prozentsatz an den Gemeinschaftskosten leisteten, gilt seit 2021 selbst das nicht mehr. Denn auf Drängen von US-Präsident Trump hat Deutschland seinen Anteil an den NATO-Gemeinschaftskosten erheblich erhöht und zahlt seit 2021 den gleichen Beitrag wie die USA. »Die Amerikaner drinnen, die Russen draußen halten – und die Deutschen am Boden«, so hatte einst Lord Hastings Lionel Ismay, der erste Generalsekretär des Militärpakts die zentralen Aufgaben skizziert.[3] Im 21. Jahrhundert scheint diese Formel modernisiert worden zu sein. Jetzt ist die NATO dazu da, die Amerikaner oben zu halten, Russland und China herauszufordern und den Abstieg der Europäer zu begleiten.

Anders scheint man nicht mehr reagieren zu können. Der Anteil der USA am Weltbruttosozialprodukt, der im Jahr 2000 mehr als 20 Prozent betrug, wird laut Prognosen bis 2028 auf 14,6 Prozent sinken.[4] Im gleichen Zeitraum steigt demnach der Anteil Chinas von etwas über sieben Prozent auf 19,5 Prozent. Der Anteil der sogenannten BRICS-Staaten – neben China sind das Brasilien, Russland, Indien und Südafrika – wird auf 33,7 Prozent steigen.[5] Die am 1. Januar 2024 beigetretenen Neumitglieder Ägypten, Äthiopien, Iran und die Vereinigten Arabischen Emirate sind da noch nicht einmal eingerechnet. Der Anteil des westlichen Zusammenschlusses G7 bestehend aus den USA, Großbritannien, Deutschland, Frankreich, Italien, Kanada und Japan wird hingegen auf unter 28 Prozent sinken.[6] Die USA befinden sich mit China in einem scharfen Konkurrenzkampf und sind bereit, sich mit allen politischen Mitteln Vorteile zu verschaffen. Dabei nutzen sie ihre Dominanz in der NATO und den gemeinsamen Wirtschaftskrieg gegen Russland, bei dem vor allem die Europäer die Zeche zahlen.

Die Debatte zum Wirtschaftskrieg lebt aber von dem Mythos, die Sanktionen würden Russland ruinieren und die Abhängigkeiten der Europäer verringern. Letzteres ist nicht mehr als ein schlechter Witz, da sich die EU auf Gedeih und Verderb den USA, den Diktaturen am Golf und der aserbaidschanischen Autokratie in Baku ausgeliefert hat. Um den nachhaltigen »Erfolg« der Sanktionen zu erfassen, reicht ein Blick auf das Wirtschaftswachstum: 2023 in Russland plus 3,6 Prozent,[7] Deutschland minus 0,3 Prozent.[8] Auch die EU-Wirtschaftsleistung wächst kaum noch.[9] Für 2024 mussten die Prognosen erneut nach unten korrigiert werden, während für die USA ein kräftiges Plus von 2,5 Prozent im Jahr 2023 zu Buche schlug und im letzten Quartal mit 3,3 Prozent ein besonders ausgeprägtes Wachstum zu verzeichnen war.[10] Auch hier gilt: Die US-Hegemonie lebt von Mythen, die Wirklichkeit der Unterwerfung aber kostet die Bevölkerung der EU viel Geld.

Kapitel 5

Das Ende der Rüstungskontrolle

In dem kleinen polnischen Dorf Redzikowo ist am 13. Mai 2016 erster Spatenstich für das »Aegis Ashore Missile Defense System«. Unweit der Stadt Slupsk im Norden des Landes bauen die USA eine Militärbasis zu einem Stützpunkt aus. Er ist Teil einer NATO-Raketenabwehr in Europa. Washington und Brüssel gehen mit dem Militärprojekt in Konfrontation zu Russland. Moskaus Protest wird in den Wind geschlagen, er soll die gute Laune an diesem Tag nicht stören. Robert Work, der stellvertretende Verteidigungsminister der USA, ist aus Washington gekommen, Polens Präsident Andrzej Duda und Verteidigungsminister Antoni Macierewicz sind ebenfalls da. Auf der Basis gibt es Blasmusik, draußen protestieren die Anwohner, die keiner gefragt hat, ob sie zur Zielscheibe gemacht werden wollen. Eine weitere Station der NATO-Raketenabwehr ist tags zuvor bereits im rumänischen Devesulu in Betrieb gegangen. Die Kommandostation für beide Anlagen befindet sich auf dem US-Stützpunkt Ramstein in Deutschland. Eingebunden in Aegis Ashore sind Radaranlagen in der Türkei und Kriegsschiffe der US-Marine im Mittelmeer.

Die neue NATO-Raketenabwehr ist mit Abschussrampen für SM-3-Raketen ausgestattet. Die »Standard Missiles« sind Boden-Luft-Raketen und sollen gegnerische Kurz- und Mittelstreckenwaffen mit einer Reichweite von bis zu 3000 Kilometern ausschalten. Die feindlichen Raketen sollen bereits im Anflug zerstört werden können. US-Regierung und NATO sagen, der Abwehrschild richte sich gegen mögliche Angriffe aus Staaten wie Iran oder Nordkorea, nicht gegen Russland. Außerhalb der USA und der NATO glaubt das kaum einer, in Moskau keiner. Russland rechnet sich aus, dass die hochmodernen Radaranlagen der NATO durch frühzeitiges Aufspüren russischer nuklearer Interkontinentalraketen das strategische nukleare Abschreckungspotenzial des Landes mindern. Eine Unwucht im fein austarierten atomaren Gleichgewicht des Schreckens zum Vorteil der USA.

Weckruf in München

Schon im Jahr 2007 warnt der russische Präsident Putin, das geplante Abwehrsystem gefährde die strategische Stabilität zwischen NATO und Russland. Für seinen Weckruf an den Westen nutzt er die 43. Münchner Sicherheitskonferenz. Es ist das erste Mal, dass ein russischer Staatschef zum jährlichen Stelldichein von Politik, Militär und Rüstungsindustrie der NATO-Staaten samt ausgewählter Gäste aus dem Rest der Welt anreist. Die Rede von Präsident Putin im noblen Bayerischen Hof an diesem 9. Februar 2007 ruft in der internationalen Öffentlichkeit ein außerordentlich starkes Echo hervor, kritisiert er doch deutlich die vom Westen nach Ende des Kalten Krieges verkündete »unipolare Welt«: »In wie freundlichen Farben auch immer man diese ausmalen mag, am Ende bleibt doch immer, dass der Terminus sich auf eine ganz bestimmte Situation bezieht, nämlich ein einziges Zentrum der Staatsgewalt, ein Machtzentrum, ein Entscheidungszentrum. Das ist eine Welt, in der es einen Herrn gibt, einen Souverän. Im Ergebnis ist das verheerend, nicht nur für alle, die diesem System angehören, sondern auch für den Souverän selbst, weil es ihn von innen heraus selbst zerstört.«[1]

Gleich zu Beginn erklärt Wladimir Putin, die Sicherheitskonferenz biete ihm die Gelegenheit, einmal ohne diplomatische Rücksichten zu sagen, was »ich wirklich über internationale Sicherheitsprobleme denke«. Sechs Jahre zuvor, am 25. September 2001, hat der russische Präsident im Deutschen Bundestag gesprochen. Damals betont er, das Herz Russlands sei »für eine vollwertige Zusammenarbeit und Partnerschaft« geöffnet«. Und weiter: »Ich bin überzeugt: Wir schlagen heute eine neue Seite in der Geschichte unserer bilateralen Beziehungen auf und wir leisten damit unseren gemeinsamen Beitrag zum Aufbau des europäischen Hauses.« Die Abgeordneten aller Fraktionen reagieren mit stehendem Applaus. Doch die nach der Jahrtausendwende ausgestreckte Hand wird ausgeschlagen, Russland über die Jahre von der NATO vor den Kopf gestoßen.

Jetzt, 2007 in München, kritisiert Putin namentlich die Ost-Erweiterung des Militärpakts und die US-Pläne zur Raketenstationierung unweit der russischen Grenzen. »Wir erleben mehr und mehr Abneigung gegen die Grundprinzipien des Völkerrechts«, konstatiert der russische Staatschef. »Und Rechtsnormen, die unabhängig sein sollten, nähern sich in Wirklichkeit zunehmend dem Rechtssystem eines einzelnen Staates an. Ein Staat – und dabei spreche ich natürlich zunächst und vor allem von den Vereinigten Staaten – hat seine nationalen Grenzen in jeder Hinsicht überschritten. Das zeigen die wirtschaftlichen, politischen, kulturellen und Bildungs-Standards, die sie anderen Nationen aufnötigen. Wem gefällt das? Wer ist glücklich darüber?« Es sei gefährlich, in den internationalen Beziehungen nach Kriterien politischer Zweckmäßigkeit und auf Grundlage des aktuellen politischen Klimas zu agieren. Dies führe dazu, »dass niemand sich sicher fühlt. Ich möchte das betonen: Niemand fühlt sich sicher!« Der Einsatz von Gewalt könne »nur dann legitim sein, wenn die Entscheidung dazu von den Vereinten Nationen getroffen oder bestätigt wird«. Es bestehe »keine Notwendigkeit, die UN durch die NATO oder die EU zu ersetzen«.

Den von den USA geplanten Aufbau eines Raketenabwehrsystems im Osten Europas, der offiziell mit einer Bedrohung durch

»Schurkenstaaten« wie dem Iran und Nordkorea begründet wird, kommentiert der russische Präsident Putin damals mit den Worten: »Die Pläne, bestimmte Elemente des Raketenabwehrsystems auf Europa auszuweiten, müssen uns zwangsläufig beunruhigen. Wer braucht einen neuen Schritt in Richtung auf etwas, was in diesem Falle unvermeidlich zu einem Wettrüsten geraten würde? Ich bezweifle zutiefst, dass die Europäer selbst so etwas brauchen.« Putin stellt offen die Rechtfertigung der NATO für die Raketenabwehr infrage: »Raketenwaffen mit einer Reichweite von etwa fünf- bis achttausend Kilometern, die Europa also tatsächlich bedrohen würden, gibt es in keinem der sogenannten Problem-Länder. (…) Und der hypothetische Abschuss beispielsweise einer nordkoreanischen Rakete in Richtung auf amerikanisches Gebiet über Westeuropa hinweg widerspricht offenkundig den Gesetzen der Ballistik.«

Für Russland ist offensichtlich: Die NATO-Raketenabwehr und neue US-Militärbasen in den Staaten Osteuropas sind »vorgeschobene Truppen« der NATO »an unseren Grenzen«. Das richtet sich gegen Russland selbst. »Ich denke, es liegt auf der Hand, dass die Expansion der NATO mit der Modernisierung des Bündnisses selbst oder mit der Gewährleistung der Sicherheit in Europa in keinerlei Zusammenhang steht. Sie stellt im Gegenteil eine ernste Provokation dar, die das Maß des gegenseitigen Vertrauens vermindert.«

Russlands Präsident Putin fragt in München, was aus den einst gegebenen Sicherheitsgarantien geworden sei, die »unsere westlichen Partner« nach der Auflösung des Warschauer Vertrages gegeben hätten. Er erinnert namentlich an die Rede des damaligen NATO-Generalsekretärs Manfred Wörner am 17. Mai 1990 in Brüssel, in der dieser bekräftigt hat: »Die Tatsache, dass wir bereit sind, keine NATO-Truppen außerhalb des Territoriums der Bundesrepublik zu stationieren, gibt der Sowjetunion feste Sicherheitsgarantien.«[2]

Der Appell des russischen Präsidenten, man müsse »sehr ernst über die »Architektur der globalen Sicherheit nachdenken und nach einer vernünftigen Balance zwischen den Interessen aller

Teilnehmer des internationalen Dialogs suchen«, wird in den Wind geschlagen. Washington und die NATO bleiben auf Kurs. Auf dem Lissabon-Gipfel 2010 beschließen die NATO-Verbündeten die Entwicklung einer gemeinsamen Raketenabwehr in Osteuropa – »Aegis Ashore Missile Defense System« nimmt seinen Lauf. Die gemeinsame sicherheitspolitische Architektur, wie sie noch in der 1997 vereinbarten »Grundakte über gegenseitige Beziehungen, Zusammenarbeit und Sicherheit zwischen der NATO und der Russischen Föderation« und dem NATO-Russland-Rat vereinbart worden war, wird damit Geschichte. Bestehende Rüstungskontroll- und Abrüstungsabkommen werden gefährdet, neuen Verträgen der Weg versperrt.

Absage von Rüstungskontrolle

Als Ausgangs- und Wendepunkt im Verhältnis zwischen den USA und Russland muss die einseitige Kündigung des ABM-Vertrages über strategische Raketenabwehrsysteme 2002 gesehen werden. US-Präsident George W. Bush ebnete damit den Weg zur Installierung des Raketenschilds im Osten Europas. Im Februar 2019 kündigten die USA unter dem damaligen Präsidenten Trump den für die europäische Sicherheit wichtigen Vertrag über das Verbot landgestützter Mittelstreckenraketen auf. Der war am 8. Dezember 1987 in Washington vom damaligen US-Präsidenten Ronald Reagan und dem sowjetischen Staatschef Michail Gorbatschow unterzeichnet worden. Im November 2020 sagen die USA auch den Vertrag über den Offenen Himmel (Open Skies) ab. Der Vertrag hat NATO-Staaten und ehemaligen Mitgliedstaaten des Warschauer Vertrages auf Gegenseitigkeit beruhende Beobachtungsflüge auf dem gesamten Gebiet vom kanadischen Vancouver bis Wladiwostok im Osten Russlands ermöglicht. Der im Jahr 2010 zwischen Washington und Moskau vereinbarte »New START«-Vertrag über die Reduzierung der strategischen Atomwaffen wird von den USA im Februar 2021 um fünf Jahre verlängert – aber erst in letzter Minute. In Kraft getreten war das ursprünglich auf zehn Jahre angelegte Abrüstungsabkommen mit dem Austausch der Ratifikationsurkunden durch US-Außenministerin Hillary Clinton und ihren russischen Amtskollegen Sergei Lawrow, und zwar auf der Münchner Sicherheitskonferenz am 5. Februar 2011. Mit dem Ukraine-Krieg und den Wirtschaftssanktionen des Westens gibt das russische Außenministerium im August 2022 schließlich bekannt, Kontrollen von Atomwaffenbeständen im Rahmen des Abkommens vorerst auszusetzen, da Russland wegen der Sanktionen gegen seine Flugzeuge keine Inspekteure in die USA fliegen könne. Einseitige US-Inspektionen auf russischem Gebiet aber würden den Amerikanern einen Vorteil verschaffen. Am 21. Februar 2023 schließlich setzt Russlands Präsident Putin die Teilnahme an »New START« aus. Das Verteidigungsministerium in Moskau betont, die USA würden, wie zuvor, weiterhin über Verlegungen von russischen Atomstreitkräften unterrichtet, »um Fehlalarme zu verhindern«.

Atomwaffen als Teil der Militärstrategie

Laut US-Verteidigungsministerium bilden Atomwaffen die »Grundlage« der neuen amerikanischen Militärstrategie. In der neuen »Nuclear Posture Review« vom Oktober 2022 schließen die USA nicht nur den Ersteinsatz von Atomwaffen nicht aus, Washington behält sich auch das Recht vor, mit Atomwaffen auf einen nicht-atomaren Angriff zu reagieren.

Gemäß Russlands offizieller Militärdoktrin sollen Atomwaffen vor allem die Souveränität und territoriale Integrität des Landes garantieren. Den 2020 veröffentlichten Einsatzprinzipien zufolge würde die russische Regierung das eigene Nuklearpotenzial sowohl im Falle eines atomaren Angriffs auf Russland einsetzen als auch dann, wenn die Existenz als Staat durch eine konventionelle Aggression bedroht wäre. Wobei Letzteres ausdrücklich vage bleibt.

Es ist von unentschuldbarer Verantwortungslosigkeit, wenn hierzulande Verteidigungspolitiker wie Roderich Kiesewetter (CDU) Angriffen auf Ziele in Russland mit Präzisionswaffen vom Typ Taurus das Wort reden und proklamieren: »Der Krieg muss nach Russland getragen werden. Russische Militäreinrichtungen und Hauptquartiere müssen zerstört werden. Wir müssen alles tun, dass die Ukraine in die Lage versetzt wird, nicht nur Ölraffinerien in Russland zu zerstören, sondern Ministerien, Kommandoposten, Gefechtsstände.«

Was, wenn Moskau Angriffe auf Ministerien in der russischen Hauptstadt mit deutschen Marschflugkörpern als Bedrohung für die staatliche Existenz sieht? Was, wenn Moskau wichtige Militäreinrichtungen seiner Nuklearkräfte bedroht sieht, etwa bei Angriffen auf die in Sewastopol auf der Halbinsel Krim stationierte und mit Atomwaffen ausgestattete russische Schwarzmeerflotte? Laut einem Bericht der *New York Times* von Anfang März 2024 sollen die USA im Herbst 2022 streng vertrauliche Kommunikation des Kreml abgefangen haben, wonach Russland im Angesicht der ukrainischen Gebietsgewinne im Zuge ihrer damaligen Gegenoffensive über den Einsatz von Atomwaffen beraten haben soll.[3] Wer will und kann ausschließen, dass Russland bei Angriffen auf militärische Führungs- und Versorgungseinrichtungen oder – wie von Kiesewetter und Co. gefordert – auf politische Entscheidungszentren nicht mit einem nuklearen Gegenschlag antwortet? Die Nukleardoktrin Moskaus sieht – spiegelbildlich zu der in Washington – die Möglichkeit vor, auch auf einen Angriff mit konventionellen, sprich nichtnuklearen Waffen mit einem Atomschlag zu antworten.[4] Die Folgen wären eine Katastrophe für ganz Europa.

»Frieden durch Dialog« lautet das Motto der Münchner Sicherheitskonferenz. Es gilt dort die »Munich Rule«: »Engage and interact with each other: Don't lecture or ignore one another«, miteinander interagieren und voneinander lernen, auf Augenhöhe. Es ist so arrogant wie fahrlässig angesichts der geopolitischen Zuspitzungen, 2024 Gespräche mit Regierungsvertretern aus Moskau zu verweigern und wie Konferenz-Chef Christoph Heusgen öffentlich zu formulieren, Russland müsse erst wieder in der »Zivilisation« ankommen.[5]

Kapitel 6

Kollateralschaden Völkerrecht – der NATO-Krieg gegen Jugoslawien

Der erste Krieg der NATO liegt 25 Jahre zurück. Am Abend des 24. März 1999 beginnt der Militärpakt mit Angriffen auf die Bundesrepublik Jugoslawien, der damals noch Serbien mit seiner Provinz Kosovo sowie Montenegro angehören. Der Militäreinsatz ist von den Vereinten Nationen nicht autorisiert und damit völkerrechtswidrig. China und Russland haben im UN-Sicherheitsrat den westlichen Waffengang mit ihrem Veto zu verhindern versucht. Vergeblich. Die NATO ermächtigt sich unter allerlei Vorwänden selbst zum Angriff auf ein souveränes Mitglied der Vereinten Nationen und öffnet damit die Büchse der Pandora. Die von der NATO ausgelöste Urkatastrophe für das Völkerrecht wirkt bis in die Ukraine heute fort.

Russland unter Staatschef Boris Jelzin ist kurzfristig von US-Präsident Bill Clinton über den Kriegsbeginn der NATO informiert worden. Der russische Ministerpräsident Jewgeni Primakow, der an jenem 24. März zu Vermittlungsgesprächen auf dem Weg nach Washington ist, macht noch in der Luft kehrt und fliegt nach Moskau zurück, als US-Vizepräsident Al Gore ihn telefonisch wissen lässt, dass Luftangriffe auch während dessen Besuchs in den Vereinigten Staaten stattfinden könnten. Ein Affront, den selbst die Administration des gesundheitlich angeschlagenen ersten russischen

Präsidenten nach Auflösung der Sowjetunion nicht hinzunehmen gewillt ist.

Der erste Krieg der NATO ist weder durch ein UN-Mandat gedeckt noch durch Hinweis auf den Bündnisfall zu rechtfertigen. Der Nordatlantikpakt führt den eigenen Kriegseinsatz bewusst herbei und bricht das Völkerrecht. Offizieller Anlass für die sogenannte »Operation Allied Force« der NATO ist die Nichtunterzeichnung des Vertrags von Rambouillet durch die serbische Führung. Mit dem Abkommen sollte endlich der Konflikt Serbiens mit der terroristisch operierenden Kosovo-Befreiungsarmee (UCK) befriedet werden. Als Ziel gibt die NATO aus, den Rückzug der jugoslawischen Armee und serbischen Polizei aus der südserbischen Provinz Kosovo zu erzwingen und eine Vertreibung der mehrheitlich albanischen Bevölkerung zu verhindern. Dafür sollten 30 000 Soldaten der NATO im gesamten Land operieren können, was einem Ende der staatlichen Souveränität des einstigen Mitbegründers der Blockfreien-Bewegung gleichgekommen wäre.

Belgrad lehnt das Diktat der NATO in Rambouillet im Wissen um den folgenden Krieg ab. Der frühere Nationale Sicherheitsberater und US-Außenminister Henry Kissinger urteilt zu diesem Coup des Westens nüchtern: »Der Rambouillet-Text, der Serbien dazu aufrief, den Durchmarsch von NATO-Truppen durch Jugoslawien zu genehmigen, war eine Provokation, eine Entschuldigung dafür, mit den Bombardierungen beginnen zu können. Kein Serbe mit Verstand hätte Rambouillet akzeptieren können. Es war ein ungeheuerliches diplomatisches Dokument, das niemals in dieser Form hätte präsentiert werden dürfen. Die Serben haben sich vielleicht in der Bekämpfung des UCK-Terrors barbarisch verhalten. Jedoch wurden 80 Prozent der Brüche des Waffenstillstandes, zwischen Oktober und Februar, von der UCK begangen. Es war kein Krieg der ethnischen Säuberung zu dieser Zeit. Wenn wir die Lage korrekt analysiert hätten, hätten wir versucht, den Waffenstillstand zu unterstützen und nicht die ganze Schuld auf die Serben geschoben.«[1] Ähnlich schreibt der Gründer und Herausgeber des *Spiegel* Rudolf Augstein dazu: »Die USA hatten in Rambouillet militärische Bedingungen gestellt, die kein Serbe mit Schulbildung hätte unterschreiben können.«[2]

Bewusster Akt der Aggression

Man muss davon ausgehen, dass die Lage seitens der NATO im Frühjahr 1999 nicht »falsch analysiert«, sondern bewusst ein Vorwand geschaffen wird für den Eintritt in den Krieg just 50 Jahre nach Gründung der NATO. Die schwere Beschädigung des Völkerrechts, das einen solchen Akt der Aggression ausdrücklich verbietet, wird dafür willentlich in Kauf genommen. Sozusagen ein »Kollateralschaden« dafür, dass der westliche Militärpakt nach der Auflösung der Warschauer Vertragsorganisation Anfang der Neunzigerjahre endlich seine weitere Daseinsberechtigung demonstrieren konnte.

Russland verurteilt die NATO-Luftangriffe von Anfang an und droht bei einer Eskalation des Konfliktes mit militärischen Gegenmaßnahmen. Schon laufende Militärhilfe Russlands für Serbien durch mehrere Transportflugzeuge lässt die NATO stoppen. Rumänien und Bulgarien verweigern die Überflugrechte – 2002 werden die beiden Länder zusammen mit der Slowakei, Slowenien, Estland, Lettland und Litauen zu Beitrittsgesprächen eingeladen.

UN-Generalsekretär Kofi Annan erklärt nach Kriegsbeginn am 24. März, der UN-Sicherheitsrat habe »die erste Verantwortung« für die Aufrechterhaltung von Frieden und Sicherheit. »Dies ist ausdrücklich anerkannt im Nordatlantischen Vertrag.« Direkte Kritik am völkerrechtswidrigen Angriffskrieg des Westens bleibt aus. Der Generalsekretär belässt es beim »tiefen Bedauern«, dass trotz aller Bemühungen die jugoslawische Regierung auf der Ablehnung einer politischen Lösung bestanden habe – gemeint ist das NATO-

Diktat von Rambouillet. »Es ist in der Tat tragisch, dass die Diplomatie versagt hat. Aber es gibt Zeiten, in denen die Anwendung von Gewalt für die Bemühungen um den Frieden legitim sein könnte.« Völkerrechtlich gedeckt ist der NATO-Krieg mit diesem Konjunktiv nicht. Die Übernahme der NATO-Propaganda muss als schwarzer Tag für die Vereinten Nationen bezeichnet werden.

Für die Orwell-Diktion im NATO-Hauptquartier in Brüssel ist Jamie Shea zuständig. Der NATO-Sprecher verkauft den Krieg in seinen täglichen Pressebriefings als »humanitäre Intervention«, mit der die NATO ihrer Schutzverantwortung für die zivile Bevölkerung nachkomme. Ziviltote nennt er zynisch »Kollateralschäden«. Der deutsche Verteidigungsminister Rudolf Scharping (SPD) prägt den Begriff der »humanitären Katastrophe«, verbreitet Horrorgeschichten, die sich als Lügen entpuppten, und Verschwörungstheorien (»Hufeisenplan«) aus der Geheimdienstküche. Der nach Beginn des NATO-Krieges lancierte »Operationsplan Hufeisen«, im angeblichen Original »Potkova« betitelt, soll dem deutschen Verteidigungsministerium vom bulgarischen Geheimdienst zugespielt worden sein. Der genaue Inhalt kam nie an die Öffentlichkeit. Wie es Scharping damals verbreitete, soll die jugoslawische Armee ihre Stellungen im Kosovo in Form eines Hufeisens gruppiert haben, mit dem Ziel, die albanische Bevölkerung durch »zusammenziehen« ins Nachbarland zu vertreiben. Fake News vom Minister, die den illegalen Krieg rechtfertigen sollen, wie auch seine Lügen von »ernst zu nehmenden Hinweisen auf Konzentrationslager« im Kosovo. *Der Spiegel* schreibt dazu im Januar 2000 rückblickend: »Dass das Stadion von Pristina in ein KZ mit 100 000 Menschen verwandelt worden sein soll, kommt Experten auf Anhieb unglaubwürdig vor. Bilder deutscher Aufklärungs-Drohnen widerlegen dann bald die von UCK-Führer Thaci propagandistisch gestreute Behauptung.«[3] In der unmittelbaren Kriegszeit zeigt die geschichtsklitternde Propaganda Wirkung. Wer die Minister-Erzählungen hinterfragt, wird als »Milosevic-Freund« diffamiert, als Unterstützer des damaligen serbischen Präsidenten Slobodan Milosevic. Grünen-Außenminister Joschka Fischer schlägt 1999 auf dem Sonderparteitag der Grünen in Bielefeld den großen Bogen zum Holocaust, dessen angebliche Neuauflage es im Kosovo zu stoppen gilt.

»Die Deutschen brauchen mitunter sehr große Begründungen für sehr kleine militärische Beiträge. Im Fall des Kosovo-Krieges bestand dieser Beitrag in nicht mehr als ein paar Tornados«, verklärt Bernd Ulrich, ehemals Büroleiter beim Grünen-Fraktionsvorstand im Bundestag und heute stellvertretender Chefredakteur der Hamburger Wochenzeitung *Die Zeit*, die Rolle des einstigen Frankfurter Straßenkämpfers in einem *Tagesspiegel*-Artikel aus dem Jahr 2006 mit dem Titel »Ein grüner Patriot«. Dieser habe 1999 »endlich an den zivilisatorischen Fortschritt der Deutschen« geglaubt, wodurch es ihm gelungen sei, die Linke des Landes in den Kosovo-Krieg zu führen.[4] 2011 dann dekliniert der Fischer-Hagiograph in einer gleichnamigen »Streitschrift« durch: »Wofür Deutschland Krieg führen darf. Und muss.«[5]

78 Tage und Nächte lang bombardiert die NATO ab dem 24. März 1999 Ziele in Serbien, im dazugehörigen Kosovo sowie in Montenegro – glaubte man dem Oberkommandierenden im Weißen Haus und den europäischen Adlaten Shea, Scharping und Fischer, geschah das allein für das Wahre und Gute. 78 Tage Raketenbeschuss und Bombenterror, bis die Führung in Belgrad in den Abzug ihrer eigenen Truppen aus dem Kosovo einwilligt, um die weitere Zerstörung des Landes zu verhindern. Hunderte Kampfjets der Militärallianz sind am Krieg beteiligt, darunter auch »Tornado«-Aufklärer der Bundeswehr. Nach dem Serbienfeldzug von 1914/15 und dem »Unternehmen Strafgericht« der Hitler-Faschisten ab dem 6. April 1941 sind damit zum dritten Mal im 20. Jahrhundert deutsche Soldaten im Krieg mit Belgrad. Diesmal aber nicht in einem Zweifrontenkrieg auch gegen die Westmächte, sondern im NATO-Verbund unter dem Oberkommando der USA, in Marsch gesetzt von der SPD-Grünen-Regierung unter Kanzler Gerhard Schröder – der

einzige wiederum, der Jahre später den eigenen Völkerrechtsbruch einräumen wird.

Gezielte Zerstörung der Infrastruktur

Systematisch zerstört die NATO neben militärischen Einrichtungen gezielt und von Anfang an gerade auch die Infrastruktur des Landes. Angriffe treffen etwa die großen Chemie-Anlagen in der serbischen Stadt Pancevo mit katastrophalen Folgen für die Umwelt. Die großen Brücken über die Donau im nordserbischen Novi Sad, Hunderte Kilometer vom Kosovo entfernt, werden im Fluss versenkt. Immer wieder wird die Hauptstadt Belgrad bombardiert, darunter journalistische Einrichtungen und »versehentlich« die chinesische Botschaft. Wiederholt setzt die NATO international geächtete Streubomben ein, etwa bei Angriffen auf den Marktplatz im südserbischen Nis. Der tonnenweise Einsatz von panzerbrechender DU-Munition – abgereichertes Uran, radioaktiv und hochgiftig – verseucht ganze Regionen und lässt in den Folgejahren die Krebsraten in die Höhe schnellen, wie wir dies auch aus dem Irak nach den US-Kriegen von 1991 und 2003 kennen.

In Kragujevac zerstört die NATO das auf dem Balkan einst führende Automobilwerk Zastava; getroffen wird in der zentralserbischen Stadt auch das beeindruckende Mahnmal, mit dem die Bevölkerung an das Massaker der Wehrmacht im Oktober 1941 erinnert. Mehr als 2700 serbische Zivilisten waren seinerzeit von deutschen Soldaten erschossen worden, darunter 300 Schüler und 18 Lehrer des örtlichen Gymnasiums. Im Telegramm des Gesandten Felix Benzler an das Auswärtige Amt vom 29. Oktober 1941 heißt es zu dem Massenmord: »Die Erschießungen in Kragujevac sind erfolgt, obwohl in dieser Stadt kein Angriff gegen deutsche Wehrmachtangehörige stattgefunden hatte, weil anderwärts nicht genügend Geiseln aufgetrieben werden konnten.«

Im Krieg der NATO gegen Jugoslawien werden Krankenhäuser getroffen, Schulen und Arbeiterviertel wie etwa in der Kleinstadt Surdulica mit 16 Toten. Mit Luftschlägen gezielt ausgeschaltet wird schließlich die Strom- und Wasserversorgung des Landes. Dem langfristigen Blackout entgeht Serbien schließlich durch das Einstimmen in eine Verhandlungslösung, die einer faktischen Kapitulation vor dem größten Militärpakt der Welt gleichkommt und ab dem 10. Juni 1999 eine Besetzung des Kosovo und dessen spätere Sezession mit Proklamation der Eigenstaatlichkeit zur Folge hat.

Bis heute sind Soldaten der NATO in der Unruheregion stationiert. 25 Jahre nach Kriegsende werden die Truppen im Kosovo sogar wieder aufgestockt. Keiner der Verantwortlichen in der NATO und ihrer Mitgliedsstaaten hat sich für das offenkundige Verbrechen des Angriffskrieges vor einem internationalen Gericht verantworten müssen. Eine im April 1999 von Jugoslawien beim Internationalen Gerichtshof (IGH) in Den Haag eingereichte Klage gegen zehn Mitgliedsstaaten der NATO wird 2010 eingestellt, ohne Entscheidung in der Sache selbst. Generell landen westliche Länder oder deren Regierungschefs in Den Haag nicht vor Gericht.

Kapitel 7

Gladio in Europa – Kooperation der NATO mit rechten Terroristen

Am 3. August 1990 platzt in der NATO eine politische Bombe. Die ewige Stadt Rom ächzt an diesem Freitag unter der heißen Sommersonne, als der damalige Premierminister Italiens, Giulio Andreotti, in einer Senatsanhörung auf Nachfrage erstmals die Existenz einer NATO-Geheimarmee bestätigt. Die Gruppe ist für brutale Terroranschläge verantwortlich, die Linken in die Schuhe geschoben werden, um Italien auf Rechtskurs zu halten. Die Terrortruppe der NATO hat den Codenamen »Gladio«, benannt nach dem Kurzschwert der Römer für den Nahkampf, und arbeitet als verdeckte Abteilung des Servizio per le Informazioni e la Sicurezza Militare, Italiens Militärgeheimdienst SISMI.

Die Mitglieder des mit der Untersuchung von Terroranschlägen beauftragten Ausschusses im italienischen Senat, denen Regierungschef Andreotti vorträgt, sind konsterniert und üben deutliche Kritik. Die Justiz des Landes ist über Jahrzehnte hintergangen worden. Von der NATO. Von der Regierung in Rom. Zwei Monate später, am 18. Oktober 1990, legt Andreotti einen schriftlichen Bericht vor, zu dem ihn die Senatoren verdonnert haben. »Gladio« ist zu diesem Zeitpunkt noch immer aktiv und steht unter SISMI-Kontrolle, lernt die Öffentlichkeit. Aufgebaut hat die Geheimtruppe der US-Auslandsgeheimdienst CIA gleich nach Ende des Zweiten Weltkrieges. Und das nicht nur in Italien, sondern in allen Ländern Westeuropas. Auch in der Bundesrepublik Deutschland. Koordiniert werden die Geheimarmeen von der NATO, so Andreotti, dessen Enthüllungen für eine veritable Staatskrise sorgen und schließlich zur Auflösung von »Gladio« führen.

Ursprüngliches Ziel der streng geheimen Stay-Behind-Gruppen der NATO wie »Gladio« ist, im Fall einer Invasion sowjetischer Truppen hinter der Front einen Guerillakrieg zu führen und den Gegner von innen heraus zu bekämpfen. Dafür werden von der NATO nach ihrer Gründung in allen Ländern Westeuropas geheime Waffenlager angelegt, hauptsächlich in Wäldern. Brücken und Autobahnen sind mit Sprengschächten versehen, um sie auf Befehl zerstören zu können. Noch im Sommer 1996 werden im Berliner Grunewald nach Hinweisen aus der Bevölkerung von Beamten des Landeskriminalamtes zwei Kisten mit Pistolen, Munition, Handgranaten und militärischen Karten aus dem Boden geholt.

Faschisten für verdeckte Kriegsführung

Rekrutiert für »Die Partisanen der NATO«, wie ein Buch des Geheimdienstexperten Erich Schmidt-Eenboom und des ZDF-Investigativjournalisten Ulrich Stoll überschrieben ist, werden ehemalige Militärs – und ausgewiesene Faschisten.[1] Agenten in Deutschland etwa hatten den Autoren zufolge eine »fragwürdige Vergangenheit«, um die man bei der NATO wusste: »Es gibt zahlreiche Beispiele für Menschen, die eine SS-Vergangenheit haben, die auch eine Vergangenheit als Kriegsverbrecher haben, und die trotzdem von den Amerikanern nach dem Zweiten Weltkrieg für Stay-Behind-Netzwerke rekrutiert wurden. Das hat die Amerikaner nicht gestört«, so Autor Stoll.[2]

Der Schweizer Wissenschaftler Daniele Ganser hat in seiner Zeit als Senior Researcher am Center for Security Studies (CSS) der ETH

Zürich die erste ausführliche Studie zum Thema vorgelegt. Seine Doktorarbeit »NATO's Secret Armies: Operation GLADIO and Terrorism in Western Europe« wird als Buch in zehn Sprachen übersetzt. 2008 erscheint die deutsche Ausgabe unter dem Titel »NATO-Geheimarmeen. Inszenierter Terror und verdeckte Kriegsführung«. In seiner mehrjährigen Forschungsarbeit hat Ganser brisante Dokumente zusammengetragen, die Washingtons Spinnennetz aus streng geheim operierenden Einheiten in Westeuropa belegen. In Italien und Frankreich, in Spanien, Portugal und Griechenland, in Deutschland, Belgien und den Niederladen, in den nordischen Staaten. Überall. Auch Großbritannien und die Türkei sind dabei.[3]

Die Geheimdienste in den einzelnen Ländern sind die Ansprechpartner für die Rekrutierung und nationale Etablierung des NATO-Netzes. In Deutschland ist das ab 1956 der Bundesnachrichtendienst (BND) unter seinem ersten Chef Reinhard Gehlen, ehemals Generalmajor der Wehrmacht und Leiter des Nazi-Auslandsgeheimdienstes »Abteilung Fremde Heere Ost«. Die NATO-Abteilung für die Betreuung der europaweiten Untergrundorganisationen heißt ab 1954 »Allied Coordination Committee« (ACC). Sie ist im Obersten Hauptquartier der Alliierten Streitkräfte in Europa, abgekürzt SHAPE, im belgischen Mons angesiedelt. Der BND mit Gehlen an der Spitze gehört dem Gremium seit 1959 an.

Rechter Terror in Bologna und München

Die geheimen Kalten Krieger bereiten sich nicht nur auf einen Einmarsch der Roten Armee vor, die Truppen der NATO sind auch für Terror in Europa verantwortlich. Sie sollen politische Ziele durchsetzen. In Italien werden im Zuge einer »Strategie der Spannung« gezielte Anschläge gegen die Bevölkerung durchgeführt, um Angst zu verbreiten und den Ruf nach einem starken Staat laut werden zu lassen. Ziel von »Gladio« ist, um jeden Preis eine Beteiligung der starken kommunistischen Partei Italiens, der PCI, an einer Regierung des Landes zu verhindern. Im Zuge der Operation »Demagnetize« werden zahlreiche Terroranschläge im vermeintlichen Namen linksradikaler Gruppen verübt, um die PCI zu diskreditieren. Am 2. August 1980 werden beim Anschlag im Bahnhof von Bologna 85 Menschen ermordet, mehr als 200 weitere schwer verletzt. Es ist das bis dahin blutigste Attentat in der italienischen Nachkriegsgeschichte. Der Täterschaft bezichtigt werden die linken »Brigate Rosso« wie auch rechte Terroristen, für beide Seiten gehen bei der Polizei Bekenneranrufe ein. Es dauert Jahre, bis die tatsächliche Verantwortung der neofaschistischen »Ordine Nuovo« nachgewiesen ist, einer Gruppe, die im engen Kontakt zum italienischen Geheimdienst steht. Neben unmittelbar Tatbeteiligten werden zwei SISMI-Agenten und der Vorsitzende der Geheimloge Propaganda Due (P2), Licio Gelli, wegen Behinderung der Ermittlungsarbeit verurteilt. Strippenzieher im US-Geheimdienst und der NATO bleiben unbehelligt.

In Deutschland wird die Stay-Behind-Truppe der NATO mit dem Attentat auf das Münchner Oktoberfest am 26. September 1980 in Verbindung gebracht. Dabei werden 13 Menschen getötet und 221 verletzt, 68 von ihnen schwer. Als Täter wird seinerzeit rasch Gundolf Köhler ermittelt. Das Mitglied der Neonazi-Gruppe »Wiking-Jugend« und der Wehrsportgruppe Hoffmann (WSG) stirbt beim Anschlag und gilt fortan als Einzeltäter, der auf bis heute nicht geklärtem Weg an die Bombe gelangt ist. Mittlerweile frei gegebene Akten belegen, dass die Ermittler zwischenzeitlich auch eine Spur zum Neonazi Heinz Lembke gefunden, aber nicht weiter verfolgt haben – und damit mutmaßlich zum Stay-Behind-Netz der NATO in Deutschland. In den Spurenakten der Oktoberfestanschlags-Ermittler findet sich der Vermerk: »Erkenntnisse über Lembke sind nur zum Teil gerichtsverwertbar« – solche Vermerke kommen normalerweise nur bei V-Leuten oder Mitarbeitern von Geheimdiensten vor.[4] Der Förster hatte 33 Erddepots angelegt und verwaltet.

Darin: automatische Waffen, Panzerfäuste, Handgranaten, mehr als 150 Kilogramm Sprengstoff und 14 000 Schuss Munition. In Untersuchungshaft sitzend hat Lembke die Waffenverstecke in Uelzen und in der Lüneburger Heide verraten. Die schiere Menge und die Qualität der Militärausrüstung deuten laut Daniele Ganser auf eine Verbindung zum deutschen »Gladio«-Ableger hin. Auch die ZDF-Dokumentation »Stay behind – die Schattenkrieger der NATO« von Ulrich Stoll geht dem Verdacht nach, dass Lembke zur Stay-Behind-Truppe gehört haben könnte. Im Interview führt der Investigativjournalist aus: »Es ist nach Aktenlage unwahrscheinlich, dass Heinz Lembke ein vom BND geführter SBO-Agent war. Ob er ein V-Mann war, wissen wir nicht. (…) Ich habe die Vermutung, dass es unentdeckte, britisch geführte Stay-Behind-Gruppen in Deutschland gab, doch die britischen Archive bleiben verschlossen.«[5] Einen Tag vor seiner Aussage, für die er Enthüllungen über seine Hintermänner angekündigt hatte, wird Heinz Lembke erhängt in seiner Gefängniszelle gefunden. Die NATO bleibt deswegen von den Ermittlungen unbehelligt. Die aufgeflogenen Waffendepots werden Neonazis zugeordnet. Woher diese das Waffenarsenal haben sollen? Ungeklärt. Der Terroranschlag auf das Münchner Oktoberfest wird weiterhin einem »Einzeltäter« zugeschrieben, wohl »in erweiterter Suizidabsicht begangen«, wie es heißt.

NATO-Schattenkrieger bleiben Randnotiz

Erst nach den Enthüllungen in Rom im Sommer 1990 wird die ganze Dimension der NATO-Schattenkrieger offenbar. In Belgien und Italien werden Untersuchungsausschüsse eingerichtet. Das Europäische Parlament formuliert nach einer Sonderdebatte im November 1990 seinen »entschiedenen Protest« gegenüber der NATO und den involvierten Geheimdiensten. NATO-Sprecher Jean Marcotta behauptet, dass »die NATO niemals einen Guerillakrieg oder Geheimaktionen in Betracht gezogen hat«. Eine dreiste Lüge, die von einem anderen NATO-Sprecher als »inkorrekt« zurückgenommen wird. Die Journalisten werden mit einem kurzen Kommuniqué informiert, wonach sich die NATO grundsätzlich nicht zu geheimen militärischen Angelegenheiten äußere und Marcotta gar nichts hätte sagen sollen. Bei den meisten in Brüssel eingebetteten Reportern verfängt das. Die an Parlamenten vorbei eingerichteten und finanzierten Geheimarmeen der NATO bleiben medial bestenfalls Randnotiz.

In Deutschland wehrt die Bundesregierung unter Kanzler Helmut Kohl das Thema zunächst ab. Sie gibt zu, was nach den Berichten in Italien nicht mehr geheim zu halten und nicht zu leugnen ist. Mehr aber auch nicht. Vier knappe Seiten umfasst der »Bericht der Bundesregierung über die Stay-behind-Organisation des Bundesnachrichtendienstes«, der mit Schreiben vom 3. Dezember 1990 der damaligen Parlamentarischen Kontrollkommission vorgelegt wird.[6] Daraus geht hervor, dass Ende der Fünfzigerjahre die Stay-behind-Organisation des BND für die NATO 500 Personen stark ist, dazu kommen noch einmal »ca. 75 hauptamtliche Mitarbeiter«. Als Gladio auffliegt, sollen es noch 104 Personen sein. »Es handelt sich um Bundesbürger verschiedener Berufsgruppen, die sich bereit erklärt hatten, auf feindlich besetztem Territorium der Bundesrepublik Deutschland (alt) Nachrichtenbeschaffungs- bzw. Schleusungsaufgaben zu übernehmen.« Und weiter: »Die Zusammenarbeit mit den Partnerdiensten wurde sowohl bilateral als auch multilateral unter Koordinierung durch das ACC durchgeführt.« Infolge der weltpolitischen Veränderungen habe der BND bereits im Sommer 1990 die Auflösung der Stay-behind-Organisation vorgesehen, behauptet die Kohl-Regierung. Nach Abstimmung mit den alliierten Partnern solle der »Abbau bis April 1991 vollzogen« sein.

Wenn über Gründung, Geschichte, Aufgaben und Ziele der NATO unterrichtet wird, bleibt das Kapitel der Geheimarmeen und ihres Terrors in Europa ausgespart, wie übrigens auch die fortwährende Kooperation des Militärpakts mit Diktaturen.

Kapitel 8

Das flexible Verhältnis der NATO zur Demokratie – von Salazar bis zu den Saudis

Jens Stoltenberg ist sichtlich gut gelaunt, als er im Dezember 2023 zu einem historischen Besuch in Saudi-Arabien weilt. Es ist die erste Visite eines amtierenden NATO-Generalsekretärs in Riad überhaupt, wie der Militärpakt in einer Mitteilung betont. Bisher waren bestenfalls Stellvertreter aus Brüssel in das autokratisch regierte Land gekommen. Während seines zweitägigen Aufenthaltes stellt Stoltenberg eine engere Zusammenarbeit zwischen der NATO und Saudi-Arabien in Aussicht. Er spricht mit Verteidigungsminister Prinz Khalid bin Salman Al Saud, mit dem Vizeaußenminister und dem Vorsitzenden des Generalstabs der Streitkräfte; er diskutiert mit Militärs an der Kommando- und Stabsakademie der Nationalen Verteidigungsuniversität von Saudi-Arabien und lässt sich am Hauptsitz des saudischen Rüstungsgiganten SAMI ein Al-Ajrab-Schwert in Gold schenken. Die Waffe steht für die militärischen Triumphe der Familiendynastie Saud und der reaktionär-islamistischen Wahabbiten. Der NATO-Generalsekretär ist voll des Lobes, hebt die »führende Rolle Saudi-Arabiens in der arabischen und muslimischen Welt hervor«. Für die NATO gebe es ein »enormes Potenzial« für eine engere Kooperation mit dem Königreich, so Stoltenberg. Zwei Monate später twittert der NATO-Obere über seine bilaterale Unterredung mit dem saudischen Außenminister während der 60. Münchner Sicherheitskonferenz: »Ausgezeichnetes Treffen mit Seiner Hoheit @FaisalbinFarhan. Die #NATO und Saudi-Arabien teilen gemeinsame Bedrohungen und Herausforderungen – und wir waren uns einig, dass wir unseren Dialog intensivieren sollten.«

Kein Wort des NATO-Generalsekretärs zur brutalen Ermordung des saudischen Journalisten Jamal Khashoggi. Der 59-jährige Regimekritiker, der unter anderem für die *Washington Post* arbeitete, ist im Oktober 2018 im saudischen Konsulat in Istanbul umgebracht worden. Die Mörder: ein aus Riad entsandtes 15-köpfiges Kommando. Seine Leiche wird zerstückelt, die sterblichen Überreste werden nie gefunden. Selbst US-Geheimdienste gehen davon aus, dass Kronprinz Mohammed bin Salman das Killerkommando gebilligt, wenn nicht gar selbst beauftragt hat. Der Fall löst einen Sturm der internationalen Entrüstung aus, Saudi-Arabien wird vorübergehend zum Paria-Staat. Der US-geführte Militärpakt schweigt zu Riads Journalistenmord in einem NATO-Mitgliedsstaat wie auch zur Verantwortung Saudi-Arabiens für die größte humanitäre Katastrophe unserer Zeit im Jemen: die fast 400 000 Toten und weit mehr als 20 Millionen Hilfsbedürftigen im Ergebnis seines Krieges gegen die Zivilbevölkerung, der nur dank der Waffenlieferungen aus den USA, Deutschland und weiteren NATO-Staaten geführt werden kann.

Amnesty International listet Saudi-Arabien unter den Ländern auf, in denen Folter und andere Misshandlungen in offiziellen und inoffiziellen Haftanstalten weiterhin an der Tagesordnung sind. Die dafür Verantwortlichen bleiben straffrei. Die Menschenrechtsorganisation erinnert an die größte Massenexekution seit Jahrzehnten, bei der im März 2022 an einem einzigen Tag 81 Männer hingerichtet worden sind. Im vergangenen Jahr sind es mindestens 170 Menschen, an denen Riads Henker die Todesstrafe vollstrecken. Üblichste Methode ist die öffentliche Enthauptung durch ein

Al-Ajrab-Schwert, dessen Kleinausgabe Jens Stoltenberg zu seinen Reise-Mitbringseln aus der Kopf-ab-Diktatur zählen kann.

Ein Hoch auf die Azoren

Die Kooperation mit einem autokratischen Unrechtsregime ist nichts Neues in der Geschichte der NATO. Sie gehört vielmehr zur DNA des Militärpakts. Wenn in der Präambel des NATO-Vertrages »die Freiheit, das gemeinsame Erbe und die Zivilisation ihrer Völker« beschworen wird, »die auf den Grundsätzen der Demokratie, der Freiheit der Person und der Herrschaft des Rechts beruhen«, dann war das bei der Gründung des Militärpakts vor 75 Jahren schon bloße Legende. Zu den Ersten in der Nordatlantischen Vertragsorganisation gehören Großbritannien, Frankreich und Belgien mit ihren großen Kolonien in Afrika und Asien, in denen Macht vor Recht gilt und von Demokratie, Gleichberechtigung oder Freiheit der Person keine Rede sein kann. Zu den NATO-Gründungsmitgliedern gehörte auch Portugal unter António Oliveira Salazar, dessen faschistische Diktatur »Estado Novo« von 1932 bis 1974 dauert. Dass der Autokrat das Parlament ausschaltet, die Presse zensiert, die Opposition in Lager sperrt und foltert, interessiert bei der NATO-Gründung am 4. April 1949 in Washington nicht weiter, von den Kolonien und Kolonialkriegen Portugals ganz zu schweigen. Die portugiesischen Azoren als NATO-Luftwaffenstützpunkt mitten im Atlantik zählen mehr als die Freiheit der Person in Porto oder Lissabon.

Washington schaltet sich erst ein, als 1974 mit der Nelkenrevolution gegen das rechte Regime die politischen Gefangenen aus den Kerkern befreit werden und ins Exil geflohene Linke in die Heimat zurückkehren – darunter Mário Soares von der Sozialistischen Partei und Álvaro Cunhal von der Kommunistischen Partei – und eine Mitte-Links-Regierung fordern. Auf den Straßen Portugals feiert die Bevölkerung die Freiheit. Sie singt das von der Diktatur verbotene Lied »Grândola, Vila Morena« des antifaschistischen Liedermachers José Afonso, das in der Nacht auf den 25. April das Signal zum Aufstand ist: »Grândola, vila morena, Stadt der Sonne, Stadt der Brüder! Auf den Plätzen, in den Straßen, stehen Freunde, stehen Brüder – Grândola gehört den Massen!«

Portugal ist im demokratischen Aufbruch und die NATO in Panik. US-Präsident Gerald Ford trägt am 18. Oktober 1974 dem aus Lissabon einbestellten Übergangspräsidenten Francisco da Costa Gomes im Weißen Haus auf: »Die NATO muss gestärkt werden, und wir machen uns über kommunistische Einflüsse in jedem Mitgliedsland Sorgen. Kommunismus innerhalb der NATO können wir einfach nicht tolerieren.«[1] Der Portugiese sichert Loyalität zu. Das Pentagon arbeitet einen »Notfallplan« aus, sicher ist sicher: Um den für die USA und die NATO wichtigen Militärflugplatz »Base Aérea das Lajes« zu erhalten, würde Washington eine »Unabhängigkeit« der Azoren unterstützen. Die »Unterstützung« einer antikolonialen Bewegung erfolgt hier nach Gutsherrenart. Und die Souveränität eines europäischen NATO-Mitglieds ist vom geopolitischen Hochsitz in Washington aus gesehen eben relativ.

Kooperation mit Griechenlands Obristen

Keine drei Jahre nach Gründung werden am 18. Februar 1952 Griechenland und die Türkei in die NATO aufgenommen. »Bedingungslos«, wie es aus den USA heißt. Die beiden neuen Mitglieder sollen die Südostflanke im neuen Strategischen Konzept der »Vorneverteidigung« abdecken. Ankara kommt dabei die Aufgabe zu, im Ernstfall den Bosporus und die Dardanellen für die Sowjetunion zu schließen. Da sieht man in der NATO über die Pogrome an griechischen Einwohnern Istanbuls im Oktober 1955 hinweg, da nimmt man die Militärputsche in Ankara 1960, 1971 und 1980 hin. Demokratie, die Freiheit der Person und die Herrschaft des Rechts – in der Türkei werden sie in Blut gebadet. Wie auch in Griechenland, wo am Morgen des 21. April 1967 das Militär die Macht übernimmt und das NATO-Mitglied für die nächsten sieben Jahre unter faschistische Obristen-Herrschaft bringt. Hunderte Putschisten gehören zu einer in den USA ausgebildeten NATO-Brigade. Sie nutzen für den Staatsstreich die geheime »Stay behind«-Kommandostruktur »Prometheus«. Dieser hellenische »Gladio«-Ableger ist 1955 von der CIA für den Fall eines kommunistischen Aufstands oder einer sowjetischen Invasion initiiert worden.

Schon am ersten Tag werden im Mutterland der Demokratie 8000 Demokraten von den NATO-geschulten Militärs verhaftet, Linke und Kommunisten sowieso. 150 000 Griechen werden deportiert und auf KZ-Inseln gefoltert. Streiks, Wahlen und Gewerkschaften sind verboten. Am 5. Mai kabelt der US-Botschafter aus Athen erleichtert über die Beweggründe der Putschisten, »unser Eindruck ist, dass die Anführer des Umsturzes pro-US, pro-NATO und sehr, wenn nicht sogar fanatisch antikommunistisch eingestellt sind«.[2] Die Zusammenarbeit mit Athen kann unbeschwert ihren Gang nehmen, auch nachdem der US-Auslandsgeheimdienst CIA am 19. Januar 1968 über die Lage im NATO-Mitgliedsland Griechenland berichtet: »Eine politische Säuberung ist auch weiter das Primärziel der Juntaführung. Von Anfang an hat das Regime versucht, die politischen Institutionen des Landes von dem zu säubern, was es als die Auswirkungen ›korrupter‹ Persönlichkeiten und inadäquater Politik vergangener Regime ansieht. Die Junta, die im Allgemeinen Politikern aller Überzeugungen verächtlich gegenübersteht, verbot jegliche politische Betätigung; Kommunisten, linke Sympathisanten und sogar bis dato ›respektable‹ konservative Politiker wurden eingesperrt oder unter Hausarrest gestellt. Wer das Gesetz verletzte, wurde der Bestrafung durch Militärgerichte zugeführt. Kritik am Regime wurde durch Pressezensur erstickt.«[3] Washington weiß mithin Bescheid. Für das NATO-Hauptquartier in Brüssel alles kein

Grund, Griechenlands NATO-Mitgliedschaft zu beenden. Übergeordnete geopolitische Interessen fordern stets politische Flexibilität.

»Zentrale Aktionsplattform« für islamistischen Terror

Deutschlands NATO-Partner in Ankara wird diese politische Flexibilität bis heute gewährt. Präsident Recep Tayyip Erdogan baut die Türkei als »zentrale Aktionsplattform« für islamistische und terroristische Organisationen im Nahen Osten aus, konstatiert die Bundesregierung im August 2016. »Die zahlreichen Solidaritätsbekundungen und Unterstützungshandlungen für die ägyptische MB (Muslimbruderschaft), die Hamas und Gruppen der bewaffneten islamistischen Opposition in Syrien durch die Regierungspartei AKP und Staatspräsident Erdogan unterstreichen deren ideologische Affinität zu den Muslimbrüdern«, berichtet das ARD-Hauptstadtbüro in jenem Sommer aus einer vertraulichen Einschätzung Berlins.[4] Obwohl man um die Rolle der Türkei als Drehscheibe des bewaffneten Islamismus weiß, bleibt das NATO-Land weiter Partner. Erdogan hat Carte Blanche für fortgesetzten Völkerrechtsbruch gegenüber seinen Nachbarn Irak und Syrien wie auch bei der Verfolgung seiner Bürger im Inneren. Die kritische Presse wird ausgeschaltet, Zehntausende Regierungskritiker und Andersdenkende wandern in den Knast.[5] Erdogan kommt damit durch. Ein Machtwort der NATO muss der Autokrat im Jahr 2024 so wenig fürchten wie die türkischen Militärputschisten der vergangenen Jahrzehnte.

»Die Armee hat zum Wohle und für die Einheit des Landes die Macht übernommen!«, tönt es am 12. September 1980 morgens aus den Radios in der Türkei. Die Putschmilitärs handeln nicht ohne Einverständnis Washingtons und ganz im Interesse der NATO. Die US-Regierung wird vom Coup in Ankara vorab informiert. Die NATO startet tags zuvor im europäischen Teil der Türkei eigens ein Manöver. 3000 Soldaten der Schnellen Eingreiftruppe leisten mit der Operation »Anvil Express« Faschistenhilfe. NATO-Diplomaten in Brüssel sind sich einig, »daß die Türkei kein Bolivien und kein Südkorea wird«. »Die werden dort schon keinen aufhängen«, zitiert der *Spiegel* damals einen Spitzenmilitär aus dem Brüsseler NATO-Hauptquartier.[6]

Der Staatsstreich selbst ist lange vorbereitet und soll das Erstarken von Linken und Kommunisten in der Türkei, der Südostflanke der NATO, stoppen. Faschistische Terrorgruppen der »Grauen Wölfe« besorgen mit Hunderten von politischen Morden an Linken sowie mit rechten False-Flag-Anschlägen, die Linken untergeschoben werden, eine »Strategie der Spannung« wie wir sie aus dem NATO-Land Italien kennen. Die türkische Armee soll als natürlicher Heilsbringer, der Putsch als Rettung der Nation erscheinen. Der türkische »Gladio«-Ableger untersteht Generalstabschef Kenan Evren, einem Vertrauensmann des Pentagon. Die Junta verhängt den Ausnahmezustand, löst unabhängige Parteien und Organisationen auf. 650 000 Türken werden verhaftet, die demokratischen Rechte im NATO-Land außer Kraft gesetzt. Den NATO-Partnern versichern »unsere Jungs«, dass die Türkei als loyales Vollmitglied des Militärpakts weiterhin allen ihren vertraglichen Verpflichtungen selbstverständlich nachkommen wird. Die auf den Grundsätzen der Demokratie, der Freiheit der Person und der Herrschaft des Rechts beruhende Freiheit, wie sie in der Präambel des NATO-Vertrags beschworen wird – in der Türkei ist sie bis heute suspendiert.

Seit dem 4. November 2016 sitzen die beiden ehemaligen Co-Vorsitzenden der Oppositionspartei HDP in der Türkei, Selahattin Demirtas und Figen Yüksekdag, in Haft. Unter fadenscheinigen Anklagen ist ihnen unter einer Erdogan-hörigen Justiz der Prozess gemacht worden. Jens Stoltenberg aber ist immer auf der Seite des NATO-Partners. Mehr als ein wenig Kritik aus den NATO-Hauptstädten an den langen Haftstrafen ist nie zu hören. Die enge militärische Kooperation wie die intensiven Waffenlieferungen von NATO-Partnern an Ankara gehen weiter. Das Credo der NATO-Offiziellen lässt sich so beschreiben: Die Türkei soll weiter die Südflanke des Militärpakts decken, auch wenn die demokratische Opposition dabei zugrunde geht. Es geht um Geopolitik, nicht um Demokratie, nicht um Menschenrechte.

Kapitel 9

Fernost-Erweiterung – die NATO expandiert nach Asien

»Dies wird ein historischer und wegweisender Gipfel für unser Bündnis sein.« Mit diesen Worten eröffnet NATO-Generalsekretär Jens Stoltenberg Ende Juni 2022 den NATO-Gipfel in Madrid. Bei dem Treffen beschließen die Staats- und Regierungschefs der Mitgliedsstaaten der NATO ein neues »Strategisches Konzept«, das siebte in der Geschichte ihres Bestehens. In dem wichtigen Strategiedokument legt sich der Militärpakt auf eine in der Tat wegweisende Neuausrichtung fest. Die NATO erklärt darin China zum zweiten Hauptfeind neben Russland und weitet ihren Geltungsanspruch von dem ursprünglichen Bündnisgebiet im Euroatlantik auf die Asien-Pazifik-Region aus. Angesichts des seit Jahren zunehmenden Vordringens der USA und weiterer Mitgliedsstaaten nach Asien ruft die NATO damit endgültig die Blockkonfrontation gegenüber der Volksrepublik aus.

In dem Strategischen Konzept wird China als »systemischer Rivale« markiert.[1] Die Volksrepublik strebe danach, »die regelbasierte internationale Ordnung zu untergraben«. Das und die immer enger werdende strategische Partnerschaft zwischen der Volksrepublik China und der Russischen Föderation laufe den Werten und den Interessen der NATO zuwider. Diese Diktion entspricht der von

USA und anderen NATO-Staaten seit einigen Jahren verbreiteten Erzählung, es existiere ein globaler Systemwettbewerb zwischen Demokratien – gemeint ist der Westen – und Autokratien, allen voran China und Russland.

Ausdehnung der Machtsphäre

China hat in den letzten Jahrzehnten eine rasante ökonomische Entwicklung genommen und ist in kürzester Zeit von der »verlängerten Werkbank der Welt« zur zweitgrößten Volkswirtschaft und zur wichtigsten Technologie- und Innovationstriebkraft geworden. Der wachsende ökonomische und auch politische Einfluss Chinas auf der Weltbühne befördert die Herausbildung einer multipolaren Weltordnung. Das zeigt sich etwa an dem Aufstieg der von China angeführten BRICS-Staaten. Deren vereinte Wirtschaftskraft hat die der G7-Staaten des Westens bereits überholt.[2] Untrennbar verbunden mit dieser Entwicklung weg von einer unipolaren imperialistisch dominierten Weltordnung ist der Machtverlust des einstigen Welthegemons USA und seiner westlichen Verbündeten.

Um den wachsenden Einfluss des Reichs der Mitte zurückzudrängen und die eigene Hegemonie aufrechtzuerhalten, setzen die USA und NATO darauf, ihre Machtsphäre im asiatischen Raum auszudehnen. In seinem Strategischen Konzept benennt der Militärpakt den indopazifischen Raum als strategisch wichtige Region und kündigt die Ausweitung der Zusammenarbeit mit neuen und bestehenden Partnern im »Indopazifik« an. Bei »Indopazifik« handelt es sich um einen politischen Begriff der NATO-Staaten. In Abgrenzung von dem bisher üblichen Konzept »Asien-Pazifik« richtet sich die mit diesem Konstrukt verbundene Eindämmungs- bzw. Konfrontationsstrategie explizit gegen China und dessen Einfluss in der Region.[3]

Die Expansion der NATO in Asien vollzieht sich auf zwei Ebenen. Zum einen setzt die NATO darauf, strategische Partner in der Region über sogenannte globale Partnerschaftsprogramme zunehmend in die Allianz einzubinden. Zum anderen forcieren vor allem die USA die Ausweitung der bilateralen Militärkooperation mit ausgewählten Staaten und treiben deren Aufrüstung als Gegengewichte zu China in der Region voran.

Zentrale Partner der NATO in der Region sind Australien, Japan, Südkorea und Neuseeland. Die Staatschefs dieser Länder, die auch als die vier Asien-Pazifik-Partnerschaften oder AP4 bezeichnet werden, nahmen an dem historischen NATO-Gipfel 2022 in Madrid wie auch an dem Gipfel im darauffolgenden Jahr in der litauischen Hauptstadt Vilnius teil. Solche Dialog- und Partnerschaftsprogramme sind für die NATO seit Ende des Kalten Krieges ein Mittel, um ihre globale Einflusssphäre auszudehnen und Staaten weltweit über militärische Kooperation an das Bündnis zu binden. Die Partnerschaften in der Asien-Pazifik-Region werden seit dem NATO-Gipfel 2008 institutionalisiert und vertieft. Einen vorläufigen Höhepunkt findet diese Kooperation im Juli 2023 in dem Abschluss sogenannter »Individually Tailored Partnership Programs« zwischen der NATO und Australien, Japan und Südkorea. Diese Partnerschaftsprogramme sehen intensive Kooperation auf verschiedenen militärischen Feldern vor. Dabei geht es unter anderem um die Inter-Operabilität der Streitkräfte und Waffensysteme, also die Fähigkeit, in Kriegen und Konflikten effektiv zusammenzuarbeiten.

Darüber hinaus plant die NATO, ein Verbindungsbüro in der japanischen Hauptstadt Tokio einzurichten. Es soll als Drehscheibe für die Kooperation mit den Partnerstaaten in der Region dienen. Was banal klingt, hätte vor allem auf symbolischer Ebene weitreichende Auswirkungen. Schließlich würde die NATO damit erstmals auch institutionell direkt in der Region Fuß fassen. Das Vorhaben ist bislang am Veto Frankreichs gescheitert, das in der Allianz eine abweichende Haltung vertritt und darauf beharrt, weiterhin das ursprüngliche Bündnisgebiet und die Frontstellung gegen Russland ins Zentrum zu stellen.

Gegengewicht zu China

Parallel zum Vordringen der NATO in der Region intensivieren die USA dort ihre bilaterale militärische Zusammenarbeit mit wichtigen Partnern und bauen neue multilaterale militärische Allianzen auf. So gründen die USA gemeinsam mit Großbritannien im September 2021 das Militärbündnis AUKUS mit Australien. In dessen Mittelpunkt stehen die gemeinsame Entwicklung und der Bau nuklear betriebener Angriffs-U-Boote für die australische Marine. Mit dieser erheblichen Stärkung der Seestreitkräfte Australiens soll das Kräfteverhältnis im Indopazifik zuungunsten Chinas verschoben werden. Darüber hinaus kooperieren die USA im Rahmen des sogenannten »Quadrilateral Security Dialogue« mit Japan, Australien und Indien. Das antichinesische Bündnis verfolgt offiziell das Ziel, einen »freien und offenen Indopazifik« zu bewahren.[4] Tatsächlich geht es darum, die Hegemonie der USA in der Region aufrechtzuerhalten und ein Gegengewicht zu Chinas Neuer Seidenstraße zu schaffen.

Auf der Ebene der bilateralen Kooperation vollziehen die USA zuletzt mit Japan und Südkorea einen weitreichenden Schulterschluss. Im August 2023 traf sich US-Präsident Joe Biden auf dem präsidentialen Landsitz Camp David mit Premier Fumio Kishida aus Japan und seinem Amtskollegen Yoon Suk Yeol aus Südkorea in betont jovialer Atmosphäre. Die drei Staatschefs unterzeichneten ein Abkommen über militärische Kooperation. Konkret vereinbart wird, die gemeinsamen Militärübungen auszuweiten, bei der Raketenabwehr zusammenzuarbeiten und die Krisenkommunikation zu vertiefen.[5] Auch wenn die Abmachungen keine Beistandspflicht wie im Fall der NATO vorsehen, ist die vereinbarte militärische Kooperation der drei Staaten derart weitreichend, dass China darin die Etablierung einer »Mini-NATO« sieht.[6]

Die Militärstrategie der USA scheint darin zu bestehen, insbesondere Japan und Südkorea als Frontstaaten für die Konfrontation mit China zu etablieren – so wie bereits Europa und Deutschland im Stellvertreterkrieg gegen Russland formiert wurden. Ähnlich der Beziehung zwischen den USA und Europa sind auch diese Kooperationen von einer klaren Subordination unter die US-Interessen geprägt. Das legt neben der massiven Militärpräsenz der USA mit dreizehn Militärstützpunkten in Japan und sieben Militärbasen in Südkorea schon allein die Tatsache nahe, dass die südkoreanischen Streitkräfte im Kriegsfall gemäß dem gegenseitigen Verteidigungsvertrag von 1953 dem Befehl des Oberkommandierenden der Streitkräfte der Vereinigten Staaten in Korea untergeordnet sind. Und auch die japanische »Zeitenwende« hin zu massiver Hochrüstung und einseitiger Abschreckung und Eskalation gegenüber China scheint mehr im Interesse der US-Geopolitik zu liegen als dem der japanischen Bevölkerung, der diese teuer zu stehen kommen dürfte.

Ausbau der Militärpräsenz

Die verschiedenen bilateralen und multilateralen Kooperationen der USA sind Teil der NATO-Strategie, die Gewaltandrohung gegenüber China zu intensivieren. Ein zentrales Instrument hierfür ist die Ausweitung der militärischen Präsenz der NATO-Staaten im Indopazifik mittels sogenannter »Freedom of Navigation«-Einsätze. In ihrem Strategischen Konzept bekennt sich die NATO dazu, »für unsere gemeinsamen Werte und die regelbasierte internationale Ordnung einschließlich der Freiheit der Schifffahrt ein[zu] treten«. Mit den Gebietskonflikten im südchinesischen Meer zwischen China und anderen Anrainerstaaten entsenden die NATO-Staaten vermehrt Kriegsschiffe in die Region, um ihrer und der Rechtsauffassung ihrer Partnerstaaten Nachdruck zu verleihen. Allein im Jahr 2021 schicken die NATO-Mitglieder 21 Kriegsschiffe in den Indopazifik.[7] Den USA dienen dabei die Freiheit der Schifffahrt und die Achtung des UN-Seerechtsübereinkommens als Vorwand, um den chinesischen Einfluss in der Region zurückzudrängen. Dabei haben die USA das Übereinkommen selbst nicht ratifiziert. Dass solche Fahrten angesichts der Gefahr von Zusammenstößen und einer womöglich folgenden Eskalation wegen hochriskant sind, stellt selbst die regierungsnahe Stiftung Wissenschaft und Politik (SWP) in Berlin fest: »Solche Fahrten bergen allerdings immer die Gefahr einer Gegenreaktion und können Anlass für Zwischenfälle auf See und in der Luft sein.«[8] Immer wieder kommt es deswegen insbesondere in der Straße von Taiwan zwischen den USA und China zu Konflikten.

Auch Deutschland entsandte im Jahr 2021 mit der Fregatte *Bayern* ein Kriegsschiff in die Indopazifik-Region. Die mehrmonatige Fahrt im Seegebiet zwischen dem Horn von Afrika, Australien und Japan ist ein erster Schritt bei der Umsetzung der im September 2020 veröffentlichten Indopazifik-Leitlinien der Bundesregierung, die eine stärkere militärische Präsenz Deutschlands in der Region vorsehen.[9] Dass dieser Einsatz – anders als von der Bundesregierung postuliert – mit dem Eintreten für Völkerrecht und eine regelbasierte Ordnung nichts zu tun hat, zeigt sich schon allein daran, dass die Fregatte *Bayern* unter Missachtung des internationalen Rechts einen Zwischenstopp auf der völkerrechtswidrig von Deutschlands NATO-Partnern Großbritannien und USA besetzten Insel Diego Garcia im Indischen Ozean einlegt. Diego Garcia, das größte Atoll des Chagos-Archipels gehört – wie es der Internationale Gerichtshof in Den Haag festgestellt hat – zu Mauritius.[10]

Konfrontation und Einkreisung

Das Vordringen der NATO in Asien wird von China als provokative Konfrontation und Einkreisung wahrgenommen. Entsprechend harsch fällt die Kritik in Peking an den Bestrebungen der NATO aus, in der Asien-Pazifik-Region Fuß zu fassen. Regelmäßig warnt die chinesische Führung vor der Ausdehnung der Einflusssphäre der NATO vom Atlantik in den Pazifik und der damit verbundenen Blockkonfrontation. Die chinesischen Reaktionen auf das Agieren der NATO wie auch die Zwischenfälle im Südchinesischen Meer und die weitere Zuspitzung der Taiwan-Frage zeugen von dem enormen Eskalationspotenzial der Strategie der NATO.

Die NATO-Expansion nach Asien erinnert sowohl in ihrer geopolitischen Zielstellung als auch mit Blick auf die damit verbundenen Risiken erschreckend an die NATO-Ost-Erweiterung. In Europa dient die von den USA vorangetriebene Einkreisungs- und Konfrontationsstrategie gegenüber Russland der Bewahrung des US-amerikanischen Einflusses auf dem Kontinent sowie der Verhinderung eines eurasischen Machtblocks. Die Ausweitung des NATO-Geltungsbereichs in die Asien-Pazifik-Region zielt darauf ab, den Aufstieg Chinas als Triebkraft einer multipolaren Welt zu stoppen und ein chinesisches Primat in Asien zu verhindern. Wie im Fall der Ausdehnung der NATO bis an die russische Grenze und der damit verbundenen Verweigerung jeglichen Interessenausgleichs mit Russland werden bei dem Vordringen der NATO nach Asien systematisch chinesische Sicherheitsinteressen ignoriert. Das gilt insbesondere auch mit Blick auf Taiwan, das von Peking gemäß dem »Ein-China-Prinzip« als Teil der Volksrepublik und dessen Einvernahme durch den Westen – wie die Ukraine von Russland – als rote Linie angesehen wird. Das sieht Taipeh selbstredend anders. Jedoch wird Taiwan, das zwar über eine eigene Regierung, eine eigene Währung und ein eigenes Militär verfügt, von der überragenden Mehrheit der Staatengemeinschaft nicht anerkannt und gehört auch den Vereinten Nationen nicht an.

Die USA setzen aber gezielt auf die Provokation Chinas und streben offenbar danach, aus Taiwan die Ukraine Asiens zu machen. Das geschieht mittels umfangreicher Waffenhilfen und Militärkooperationen, auch Besuchsdiplomatie im Widerspruch zur eigenen Ein-China-Politik, wonach die USA nur zur Volksrepublik China offizielle diplomatische Beziehungen pflegen. Das zeigten zuletzt die Visite von Nancy Pelosi im August 2022, die damalige Sprecherin der Demokraten im US-Repräsentantenhaus, aber auch Militärmanöver in der Straße von Taiwan. Die NATO trägt in der Taiwan-Frage zur Eskalation bei, indem sie den Austausch mit hochrangigen taiwanesischen Offizieren ausweitet und Angehörige des taiwanesischen Militärs am NATO Defense College in Rom ausbildet.

Die NATO-Konfrontation gegenüber Russland hat zu einem heißen Krieg auf europäischem Boden mit verheerenden humanitären, ökonomischen und sicherheitspolitischen Auswirkungen geführt. Sie birgt ein anhaltend großes Eskalationspotenzial in sich. Angesichts dessen muss vor einer Ausdehnung der NATO nach Asien dringend gewarnt werden. Die NATO als expansives militärisches Instrument zur Umsetzung US-amerikanischer Hegemonialinteressen ist ihrem Wesen nach nicht zu Deeskalation und Friedenssicherung durch Diplomatie und Interessenausgleich in der Lage. Es ist Teil der Machtdemonstrationen der NATO und der NATO-Mitglieder, nicht nur mit Großmanövern gegenüber Russland Flagge zu zeigen, sondern zunehmend auch China ins Visier zu nehmen. Die Bundeswehr war beispielsweise noch nie so präsent beim westlichen Säbelrasseln im Indo-Pazifik wie im Jahr 2024. Mehr NATO in Asien wird nicht mehr Frieden und Sicherheit bringen. Im Gegenteil droht das Vordringen des Militärpakts schlimmstenfalls in eine unmittelbare Konfrontation der beiden größten Militärmächte der Welt USA und China zu münden. Zwar vertreten die USA mit Blick auf Taiwan offiziell eine Politik der »strategischen

Ambiguität«, sprich, sie unterstützen Taiwan militärisch, lassen jedoch offen, ob sie auch eigene Streitkräfte zur Verteidigung der Insel einsetzen würden. Allerdings hat US-Präsident Biden wiederholt Taiwan militärische Unterstützung durch US-Truppen im Fall eines chinesischen Angriffs zugesagt.[11] Washington hat im Zuge seines Vorhabens, die Präsenz des US-Militärs auf Taiwan auszuweiten, auch Spezialkräfte der US-Armee zu Ausbildungszwecken auf Taiwans vorgelagerten Inseln Kinmen und Penghu stationiert, von denen Erstere in Sichtweite des chinesischen Festlands liegt.[12] Das macht die Eskalationsgefahr nicht geringer. Neben den enormen wirtschaftlichen Kosten für die Weltwirtschaft, die bei einem Krieg zwischen den USA und China um Taiwan laut einer aktuellen Schätzung von Bloomberg Economics zehn Billionen Dollar betragen,[13] sind die humanitären Auswirkungen eines solchen Konflikts angesichts der Eskalationsgefahr bis hin zu einem Atomkrieg kaum vorstellbar. Die Expansion der NATO nach Asien ist neben dem Stellvertreterkrieg der NATO gegen Russland in der Ukraine die derzeit größte Gefahr für den Weltfrieden.

Kapitel 10

Ausweitung der Kampfzone – der Informationskrieg der NATO

Rom ist ohne Zweifel eines der bedeutendsten und schönsten Kulturzentren Europas. Wer einmal in den Genuss gekommen ist, die jahrtausendealten prächtigen Baudenkmäler des einstigen Mittelpunkts des Imperium Romanum zu bestaunen oder bei einem Streifzug durch das Straßengewirr die quirlige Lebendigkeit der Heimat von »dolce vita« aufzusaugen, wird dies bestätigen können. Doch die Ewige Stadt beherbergt nicht nur spektakuläre Renaissance-Paläste und noch spektakulärere Eisdielen. Nur wenige Kilometer südlich von Pantheon, Kolosseum und Forum Romanum liegt inmitten einer der größten Kasernenanlagen Italiens das »NATO Defense College«. Das ist den Wenigsten ein Begriff, die Militärakademie spielt aber eine wichtige Rolle im Informationskrieg der NATO.

Bereits seit der Jahrtausendwende beanspruchen die USA in ihrer Militärdoktrin die Überlegenheit in allen militärischen Teilbereichen.[1] Neben den aktuell von der NATO definierten fünf Kriegsschauplätzen Wasser, Land, Luft, Weltraum und Internet soll die sogenannte »full spectrum dominance« (Überlegenheit auf allen Ebenen) auch für den Informationsbereich gelten. Letzterer ist für die NATO derart bedeutsam, dass aktuell diskutiert wird, die »Human Domain« oder »Menschliche Sphäre« als sechsten Kriegsschauplatz aufzunehmen.[2]

In einem lesenswerten Buch legt Jonas Tögel dar, wie die NATO seit dem Jahr 2020 systematisch eine neue moderne Form der

Kriegsführung entwickelt: *Kognitive Kriegsführung* (»cognitive warfare«) ist der Titel. Im Kern geht es dabei um »Soft Power« im Gegensatz zu klassischer militärischer Gewalt (»Hard Power«), ins Visier wird dabei der menschliche Verstand genommen. Diese Methode der Kriegsführung zielt darauf ab, mit Propaganda und Manipulation in die Gedanken und Gefühle der Menschen vorzudringen und diese für die eigenen Zwecke einzunehmen.

Kriegspropaganda und Manipulation

Ausgangspunkt für die Entwicklung dieses Programms ist eine einfache, aber weitreichende Einsicht: Auf dem Schlachtfeld zu siegen, bedeutet noch lange nicht, politisch zu gewinnen. So haben die USA und ihre NATO-Verbündeten im sogenannten Krieg gegen den Terror zwar schnelle militärische Erfolge erzielt. Letztlich sind sie jedoch daran gescheitert, auch die Bevölkerungen für sich und ihre politischen Ziele einzunehmen. Die erfolglose Besetzung des Irak oder der Abzug der NATO-Truppen aus Afghanistan und die Machtübernahme der Taliban im Jahr 2021 haben das eindrücklich gezeigt.

Um ein solches Versagen in Zukunft zu verhindern und den eigenen globalen Machtanspruch abzusichern, will die NATO nun ihre Techniken der Kriegspropaganda und Manipulation optimieren. Das schlägt sich zum Beispiel im Lehrplan des NATO Defense College nieder. An der Militärakademie, die 1951 auf Vorschlag des damaligen Oberkommandierenden der NATO-Streitkräfte in Europa und späteren US-Präsidenten Dwight D. Eisenhower gegründet wurde, bildet das Bündnis sein Führungspersonal aus. Bei den dortigen Kursen und Seminaren werden hohe Militärs sowie wichtige Beamte und Diplomaten der NATO-Staaten und aus Partnerländern zu Themen wie dem »emotionalen Quotienten« von Konflikten oder »strategischer Kommunikation« geschult.[3]

Für Letzteres betreibt die NATO seit 2014 ein eigenes »Kompetenzzentrum« mit Sitz in Riga. Bei »strategischer Kommunikation« – neudeutsch für Propaganda – handelt es sich um ein wichtiges Instrument der kognitiven Kriegsführung. Die NATO selbst hält »strategische Kommunikation« für einen »wesentlichen Bestandteil« ihrer Bemühungen, »die politischen und militärischen Ziele des Bündnisses zu erreichen«.[4] In der Ausweitung des Informationskrieges sieht die NATO selbstverständlich ein rein defensives Unterfangen, etwa als Reaktion auf »böswillige Aktivitäten im Cyber- und Weltraum« und »Desinformationskampagnen« »autoritärer Akteure« – gemeint sind natürlich allen voran China und Russland.[5] Es gilt das Motto: Propaganda und Desinformation betreiben immer nur die anderen.

Der Stellvertreterkrieg der NATO gegen Russland in der Ukraine führt uns unmittelbar vor Augen, was es heißt, wenn die Köpfe und Herzen der Menschen zum Kriegsschauplatz werden. Denn der Informationskrieg zielt immer auch auf die eigene Bevölkerung ab. Unter dem Deckmantel der »strategischen Kommunikation« zur Bekämpfung »russischer Desinformation« baut die deutsche Bundesregierung regelrechte Propaganda-Abteilungen in ihren Ministerien auf und aus. Allein in den ersten Monaten nach Beginn des Ukraine-Krieges wurden hierfür zusätzlich mehr als elf Millionen Euro investiert. Um »russische Narrative und Desinformation« zu entlarven, verbreitet die Bundesregierung systematisch sogenannte »Faktenchecks« vermeintlich neutraler, tatsächlich jedoch staatlich oder über EU-Gelder finanzierter Einrichtungen wie der *Deutschen Welle* oder dem Portal *EUvsDisinfo* des Europäischen Auswärtigen Dienstes.[6] Diese sind ein wirkmächtiges Instrument im Kampf um Deutungshoheit, suggerieren sie doch den Anspruch auf objektive Wahrheit.

Konkret geht es der Bundesregierung darum, die eigene Politik und Deutschland insgesamt immer stärker am NATO-Stellvertreterkrieg gegen Russland zu beteiligen und die deutschen Militärausgaben zu steigern und zu legitimieren. Kriegsmüdigkeit steht der Kriegstüchtigkeit im Weg und soll möglichst erst gar nicht aufkommen. Ziel der omnipräsenten Kriegspropaganda ist es, das Partikularinteresse des NATO-affinen politisch-medialen Establishments an Krieg und an der Militarisierung der Bevölkerung als – um mit dem italienischen marxistischen Theoretiker Antonio Gramsci zu sprechen – »gesellschaftliches Allgemeininteresse« aufzudrücken.

Militärexperten im Dauereinsatz

Eine wichtige Rolle kommt hierbei sogenannten Militär-Experten zu. Als vermeintlich neutrale Autoritäten hat deren Wort besonderes Gewicht in der öffentlichen Diskussion. Hervorgetan in der Kunst der Kriegspropaganda hat sich insbesondere Florence Gaub, Forschungsdirektorin am eingangs erwähnten NATO Defense College. Eine gewisse Bekanntheit erreicht die Reserveoffizierin der französischen Armee wenige Wochen nach Beginn des Ukraine-Krieges, als sie in der ZDF-Fernsehsendung *Lanz* davon spricht, dass »die Russen« trotz ihres europäischen Aussehens keine Europäer seien und ein anderes – sprich: unzivilisiertes – Verhältnis zu Gewalt und zum Tod hätten.[7] Neben solchen rassistisch-pauschalisierenden Entgleisungen zur Dämonisierung des Feindes scheint die Aufgabe der NATO-Politologin darin zu bestehen, die deutsche Öffentlichkeit auf eine Verlängerung des Krieges in der Ukraine einzuschwören.

Das war etwa im Zwiegespräch von Gaub mit der Politikerin Sahra Wagenknecht in der ARD-Sendung *Maischberger* zu beobachten – einem wahren Lehrstück der Kriegspropaganda. In der Sendung argumentiert Gaub vehement gegen diplomatische Bemühungen für einen Waffenstillstand in der Ukraine. Für sie steht fest: Statt zu deeskalieren, müsse dort eskaliert werden. Denn man kenne es ja vom Beziehungsstreit mit dem Partner: »Manchmal muss es erst richtig nach oben gehen, bis die andere Seite bereit ist einzuschwenken.« Der Krieg in der Ukraine könne auch noch gar nicht beendet werden, das zeige die durchschnittliche statistische Dauer von Kriegen. »Sie müssen sich das so vorstellen«, so Gaub: »Der Konflikt hat quasi einen Wecker im Bauch«. Ein Ende komme erst infrage, wenn dieser »irgendwann klingelt«.[8]

Was auf den ersten Blick wie unbedacht zynische Banalisierung von Krieg und esoterisch anmutende Pseudo-Wissenschaft daherkommt, hat System. In der ZDF-Gesprächssendung *Precht* plaudert Gaub offenherzig aus, welche perfide Strategie hinter dieser Art der Kommunikation steckt: Von Talkmaster Richard David Precht zur kognitiven Kriegsführung befragt, beklagt Gaub, dass EU und NATO in der – von ihr selbst so genannten – »Meinungsmache« aufholen müssten, da sie etwa dem russischen Präsidenten Putin und dessen bildhafter Rhetorik unterlegen seien. Sie plädiert dafür, dass die NATO auf Bürokraten-Sprache verzichten und emotionaler kommunizieren solle. Positivbeispiel sei die aktuelle Arbeit der »Kollegen der Presseabteilung« der NATO. Denen sei es etwa mit der Kampagne »We are NATO« bereits gut gelungen, »das Ganze zu vermenschlichen«.[9]

Der Informationskrieg und die damit verbundene Ausweitung der Kampfzone auf die Köpfe und Herzen der Menschen sind in vollem Gang. Um ihre globale Macht-Ambition umzusetzen, macht die NATO den menschlichen Verstand zunehmend zur Zielscheibe von Propaganda und Manipulation. Was kann dagegen getan werden? Einen Weg hat der Journalist und *Wikileaks*-Gründer Julian Assange aufgezeigt. Von ihm stammt der Satz: »Wenn Kriege durch Lügen begonnen werden können, kann Frieden durch Wahrheit begonnen werden.«[10] Assange hat recht. Die Aufklärung über die Kriegspropaganda und Manipulation der NATO ist ein erster Schritt auf dem Weg zum Frieden.

Kapitel 11

Julian Assange – Gefangener der NATO

Wenn die NATO am 4. April 2024 ihr 75-jähriges Bestehen feiert, sitzt Julian Assange seit ziemlich genau fünf Jahren im Hochsicherheitsgefängnis Belmarsh in London fest. Seit seiner Festnahme am 11. April 2019 in der ecuadorianischen Botschaft fristet der Journalist und *Wikileaks*-Gründer dort sein Dasein. Bis zu 23 Stunden am Tag ist er in einer zwei Mal drei Meter kleinen Zelle ohne Tageslicht eingesperrt. Belmarsh gilt als das »britische Guantanamo«. Es ist sonst verurteilten Schwerverbrechern und Terroristen vorbehalten. Assange sitzt dort ein, ohne jemals eines Verbrechens schuldig gesprochen worden zu sein. Es geht allein darum, seine Auslieferung an die USA sicherzustellen, wo er wegen Spionage und Geheimnisverrats angeklagt ist.

Julian Assange ist ein politischer Gefangener der NATO. Sein Vergehen besteht darin, seiner Arbeit als Journalist nachgegangen zu sein. Er hat Kriegsverbrechen der USA im Irak und in Afghanistan aufgedeckt und die Folter im US-Sonderlager Guantanamo und das CIA-Rendition-Programm publik gemacht, in das Militärstützpunkte und Geheimgefängnisse in zahlreichen NATO-Staaten eingebunden waren.[1] Als Dissident des Westens soll Assange mundtot gemacht werden, indem er für den Rest seines Lebens weggesperrt und womöglich in seiner physischen Existenz vernichtet wird. An ihm wird ein Exempel statuiert für all diejenigen, die es wagen, die Wahrheit über die Abgründe der Weltmachtpolitik der USA zu veröffentlichen und die Lügen der Kriegspropaganda der NATO-Staaten zu entlarven.

Die USA als »Collateral Murder«

Am 5. April 2010 veröffentlichen Julian Assange und *Wikileaks* Videoaufnahmen eines Kampfhubschraubers unter dem Titel »Collateral Murder«. Das Schwarz-Weiß-Video, aufgenommen am 12. Juli 2007, zeigt den Beschuss einer Gruppe irakischer Zivilisten sowie zweier Journalisten der Nachrichtenagentur *Reuters*. »Fackel sie alle ab!«, hört man den Funkspruch von einem der Piloten. »Komm schon, schieß!« Das Maschinengewehr rattert. »Weiterschießen, weiterschießen!« Und kurze Zeit später: »Oh, ja, schau dir die toten Bastarde an.« »Hübsch.«[2]

Julian Assange und *Wikileaks* veröffentlichen mehrere Hunderttausend von der Whistleblowerin und früheren Soldatin Chelsea Manning weitergegebene US-Geheimdokumente. Diese offenbaren massenhafte Kriegsverbrechen wie die Tötung Zehntausender Zivilisten, Folter und Missbrauch durch die US-Armee sowie die illegale Inhaftierung und Folter Unschuldiger.

Die erschreckenden Enthüllungen verändern die Sicht vieler Menschen auf die Kriege der USA und der NATO. Sie führen der Weltöffentlichkeit die Brutalität, die diesen Kriegen innewohnt, vor Augen. Sie entlarven die Erzählung von Demokratie und Menschenrechten, in deren Namen der NATO-Krieg in Afghanistan geführt wird, und das Gerede von einem »sauberen Krieg« und »Präzisionsschlägen« der USA im Irak als Propaganda. Mehr noch: Sie tragen dadurch dazu bei, die Kriege zu beenden.

Die Wikileaks-Enthüllungen enthalten unter anderem auch Hunderte diplomatische Drahtberichte. Sie offenbaren, wie die USA ein System der Straflosigkeit etablieren, indem sie unter Androhung von Sanktionen Staaten zur Unterzeichnung von Immunitätsvereinbarungen zwingen, um damit US-Militärpersonal der Gerichtsbarkeit des Internationalen Strafgerichtshofs (IStGH) zu entziehen. Im Fall des Irak weigerte sich dessen Regierung im Jahr 2011 infolge der Enthüllungen von *Wikileaks* über Menschenrechtsverbrechen an irakischen Zivilisten, die Immunitätsvereinbarung für US-Soldaten zu erneuern, woraufhin die USA den Großteil ihrer Truppen abzogen.[3]

Julian Assange hat einmal in einem Interview gesagt, er sei zu der hoffnungsvollen Erkenntnis gekommen, dass nahezu jeder Krieg, der in den letzten Jahrzehnten begonnen wurde, ein Ergebnis von Medienlügen sei. »Die Medien hätten es stoppen können, wenn sie tief genug recherchiert hätten, wenn sie Regierungspropaganda nicht abgedruckt hätten. Aber was heißt das? Das bedeutet, im Kern mögen Bevölkerungen Kriege nicht. Bevölkerungen müssen in Kriege hineingetrickst werden. Bevölkerungen gehen nicht freien Willens und mit offenen Augen in einen Krieg. Wenn wir ein gutes Medienumfeld haben, haben wir auch ein friedliches Umfeld.«[4]

Wikileaks als »feindlicher Geheimdienst«

Hierin liegt der zentrale Grund, warum Julian Assange seit mehr als dreizehn Jahren verfolgt wird. Die von Assange betriebene Aufklärung über Lügen und Manipulation sind der NATO-Kriegspropaganda und den dahinterstehenden geopolitischen Interessen ein Dorn im Auge. Wer wie *Wikileaks* die Wahrheit berichtet, wird als nichtstaatlicher »feindlicher Geheimdienst« (Ex-CIA-Chef Mike Pompeo) angesehen und behandelt.[5] Die himmelschreiende Ungerechtigkeit im Fall Assange liegt darin, dass derjenige zum Verbrecher gemacht wird, der Kriegsverbrechen aufgedeckt hat, während diejenigen, die sie begangen oder befohlen haben, ihr Leben in Freiheit genießen können.

Seit Dezember 2010 ist Julian Assange seiner Freiheit beraubt. Nach kurzer Untersuchungshaft und anderthalb Jahren mit Fußfessel sah sich Assange gezwungen, im Juni 2012 wegen nachweislich konstruierter Vergewaltigungsvorwürfe der schwedischen Behörden in die ecuadorianische Botschaft in London zu flüchten, um einer möglichen Auslieferung an die USA durch Schweden zu entgehen, das übrigens seit Neuestem zum NATO-Bündnis gehört. Auf knappem Raum verbrachte er ab Juni 2012 knapp sieben Jahre als anerkannter politischer Flüchtling im Botschaftsasyl, wo ich ihn mehrfach besuchte. Dabei konnte ich mir auch einen Eindruck davon verschaffen, wie sich die dortigen Bedingungen mit dem Regierungswechsel in Ecuador 2017 verschlechterten und Assange fortan gezielt drangsaliert wurde. Im April 2019 wurde er schließlich aus der Botschaft herausgeworfen und der britischen Polizei übergeben. Seitdem ist er im Hochsicherheitsgefängnis Ihrer Majestät inhaftiert. Der damalige UN-Sonderberichterstatter für Folter, Professor Nils Melzer, attestiert Julian Assange nach einem Besuch im Gefängnis Belmarsh, angesichts der dortigen Haftbedingungen Opfer psychischer Folter geworden zu sein.[6] Die UN-Arbeitsgruppe für willkürliche Inhaftierungen hat die Strafverfolgung von Assange durch Großbritannien und Schweden bereits 2015 für rechtswidrig erklärt und die Festsetzung in der Botschaft als willkürlich bezeichnet sowie wiederholt dessen Freilassung gefordert.[7]

Um Julian Assange habhaft zu werden, schrecken die USA und ihre NATO-Verbündeten vor nichts zurück. Das Bestreben, den Journalisten auszuschalten, reicht so weit, dass der US-Auslandsgeheimdienst CIA im Auftrag der US-Regierung sogar Pläne zu seiner Entführung und Ermordung entwickelte. Mit einem drakonischen Strafmaß von bis zu 175 Jahren Haft soll Assange in einer US-Zelle lebendig begraben werden. Ob Assange im Falle einer Auslieferung durch die Erweiterung der Anklage die Todesstrafe drohen könnte, will die US-Staatsanwaltschaft auch in der letzten Anhörung im Auslieferungsverfahren im Februar 2024 nicht ausschließen.

Kriminalisierung von Journalismus

Der kalkulierte »Kollateralschaden« bei der Verfolgung von Assange ist die Pressefreiheit. Mit der Anklage nach dem Espionage Act aus dem Jahr 1917 wendet die US-Regierung ein Gesetz, das ursprünglich der Verfolgung von Spionen im Ersten Weltkrieg dienen sollte, gegen einen Journalisten und Verleger an. So wie die USA ihre Kriege mit Lügen begründen, spickt Washington auch die Anklage mit Falschbehauptungen, etwa der des amerikanischen Chefanklägers James Lewis, Assange habe mit seinen Enthüllungen bei *Wikileaks* Menschenleben gefährdet. Eine solche Dreistigkeit muss man sich erst einmal erlauben: Bis heute gibt es keinen einzigen Beleg dafür, dass durch Assanges Veröffentlichungen auch nur eine Person zu Schaden gekommen wäre. Für die US-Kriege, denen Millionen von Menschen zum Opfer gefallen sind, lässt sich das nicht behaupten.

Sollten die USA mit ihrem Streben nach Auslieferung von Assange erfolgreich sein, wäre es ihnen gelungen, investigativen Journalismus in Spionage umzudefinieren und journalistische Arbeit zu kriminalisieren. Nicht vergessen werden sollte, dass es sich bei Assange um einen australischen Staatsbürger handelt, der für eine Veröffentlichung aus einem europäischen Land von den USA strafrechtlich verfolgt werden soll. Eine Auslieferung von Assange wäre ein klares Signal an alle Journalisten und Verleger weltweit, im Zweifel mit Freiheit und Leben dafür bezahlen zu müssen, über Kriegsverbrechen der USA und NATO aufzuklären.

Doppelmoral des Westens

Der Umgang mit Julian Assange und die systematische Verletzung rechtsstaatlicher und menschenrechtlicher Grundsätze sind Sinnbild für die Doppelmoral des Westens. Zu dieser Doppelmoral zählt auch, dass sich die NATO-Verbündeten der USA entweder wie im Fall Großbritanniens und Schwedens unmittelbar an der Verfolgung von Assange beteiligen oder wie die deutsche Bundesregierung ungeachtet aller Bekenntnisse zu Demokratie und Rechtsstaatlichkeit tatenlos dabei zusehen. An der Tatenlosigkeit der Bundesregierung ändern leider auch die Bemerkungen des deutschen Bundeskanzlers Olaf Scholz, der sich im März 2024 als erster Staatschef eines NATO-Landes gegen eine Auslieferung von Julian Assange an die USA ausspricht, nichts. Die deutsche Außenministerin Annalena Baerbock bleibt so inaktiv wie zuvor gegenüber dem NATO-Partner. Auch in dieser Frage setzen die USA ihre Linie im Bündnis durch. Anders lässt es sich nicht erklären, dass die Bundesregierung aus SPD, Grünen und FDP, der schließlich fünf Minister angehören, die sich vor ihrem Amtsantritt für die Freilassung von Julian Assange ausgesprochen haben, nicht souverän genug ist, dem Angriff der USA auf die Pressefreiheit diplomatisch entgegenzutreten. Die doppelten Standards des »Wertewestens« könnten offenkundiger kaum sein, wenn auf der Münchner Sicherheitskonferenz im Februar 2024 nicht einer der vielen, die zu Recht den Tod von Alexej Nawalny in russischer Haft verurteilen, auch nur ein Wort über die Verfolgung des Dissidenten des Westens Julian Assange verliert.

Das zunehmend aggressive Agieren der USA und ihrer NATO-Verbündeten im Fall Assange gleicht dem Verhalten eines autoritären Regimes, das angesichts schwindender Zustimmung immer drakonischere Maßnahmen ergreifen muss, um sich an der Macht zu halten. Offenbar sehen es die USA als notwendig an, an Julian Assange ein Exempel zu statuieren, um ihren globalen Machtanspruch zu untermauern, selbst wenn sie sich die Blöße geben, ihre selbst postulierten Werte freizugeben. Paradoxerweise büßen die USA und die NATO damit global gesehen immer weiter an Glaubwürdigkeit ein. Die Verfolgung von Assange ist ein Eigentor auf dem Feld der Soft Power.

Die Doppelmoral des Westens wird im Globalen Süden, oftmals Opfer und Austragungsort von NATO-Kriegen, genau erkannt. Assange genießt dort breite Unterstützung und Solidarität. Allein in Lateinamerika haben sich mehrere Staatschefs für seine Freilassung ausgesprochen. Sinnbildlich für die Haltung Vieler im Globalen Süden ist der Beitrag des kolumbianischen Präsidenten Gustavo Petro, der anlässlich der Anhörung im Auslieferungsverfahren gegen Assange im Februar 2024 auf dem Kurznachrichtendienst »X« (vormals Twitter) schreibt: »Volle Solidarität mit Julian Assange, ihn zu verurteilen bedeutet, die freie Presse zu verurteilen und sich an den Menschenrechtsverletzungen der ausgegrenzten, armen und bombardierten Bevölkerung im Süden mitschuldig zu machen.«[8]

In der Präambel des Nordatlantikvertrags bekennen sich die NATO-Staaten zu Frieden, Demokratie, Freiheit und der Herrschaft des Rechts. Julian Assange, der vom Enthüller zum Opfer der westlichen Doppelmoral geworden ist, hat dieses Postulat der selbsterklärten »Wertegemeinschaft« wie kein Zweiter als blanke Lüge entlarvt. Für seinen Einsatz für Frieden, Demokratie, Freiheit und Menschenrechte gehört Julian Assange ausgezeichnet, nicht eingekerkert.

Kapitel 12

Tödliche Doppelmoral – die Komplizenschaft der NATO im Gaza-Krieg

Am 26. Januar 2024 erleidet Israel im Friedenspalast in Den Haag eine weitreichende Niederlage. In seinem Entscheid in der Völkermordklage Südafrikas gegen Israel erklärt der dort ansässige Internationale Gerichtshof (IGH) den Vorwurf des Genozids für »plausibel« und ordnet vorläufige Maßnahmen an, um einen Völkermord an der palästinensischen Bevölkerung im Gazastreifen zu verhindern.[1] Anders als im Fall der russischen Invasion in der Ukraine fordert der IGH zwar nicht unmittelbar einen Waffenstillstand ein. Allerdings verpflichtet der Gerichtshof Israel dazu, völkermörderische Handlungen zu unterlassen und ausreichende humanitäre Hilfe zu gewährleisten. Die Umsetzung dieser Anordnung würde ein faktisches Ende der israelischen Kriegsführung in ihrer jetzigen Form bedeuten. Schließlich sieht der Gerichtshof offenbar ausreichend Anhaltspunkte dafür, dass die israelische Regierung nicht nur die Absicht verfolgt, einen Völkermord zu begehen, sondern dass sie diesen auch tatsächlich umsetzt.

Das Urteil des IGH ist eine vernichtende Kritik an Israel wie auch an seinen westlichen Verbündeten, allen voran die NATO-Staaten USA, Großbritannien und Deutschland. Mit ihrer anhaltenden politischen und militärischen Unterstützung für Israel verletzen sie nach Maßgabe des IGH nicht nur ihre völkerrechtliche Verpflichtung, einen Völkermord zu verhindern, sondern machen sich aktiv zu Komplizen in Israels Krieg gegen die palästinensische Bevölkerung. Dies ist umso schwerwiegender, als Israel die Anordnungen des IGH offenkundig nicht umsetzt, wie allein das Feuer des israelischen Militärs auf hungernde Zivilisten Anfang März zeigt, als über 100 Palästinenser beim Versuch, Lebensmittel zu erhalten, getötet werden.[2]

Verstoß gegen Völkermordkonvention

Ganze 84 Seiten umfasst die Klageschrift Südafrikas. Detailliert wird dargelegt, warum die Handlungen des israelischen Militärs in Gaza »einen völkermörderischen Charakter« hätten. Richtigerweise verurteilt Südafrika unmissverständlich den schrecklichen Angriff der Hamas vom 7. Oktober 2023 auf israelische Zivilisten und andere Staatsangehörige, der mehr als tausend Israelis das Leben kostete. Pretoria stellt jedoch auch klar, dass kein bewaffneter Angriff auf das Hoheitsgebiet eines Staates, wie schwerwiegend er auch sein mag, einen Verstoß gegen die Völkermordkonvention rechtfertigt. Die Handlungen Israels erfüllen nach Auffassung Südafrikas den Tatbestand des Völkermords, da sie auf die Vernichtung der palästinensischen Bevölkerung im Gazastreifen abzielten. Diese Absicht, die Vertreter der israelischen Regierung einschließlich des Präsidenten wiederholt zum Ausdruck gebracht hätten, erschlösse sich »vollumfänglich aus der Art und der Durchführung von Israels Militäroperation in Gaza«.

Südafrika dokumentiert, dass Israel zum Zeitpunkt der Anklage über 21 110 namentlich bekannte Palästinenser, darunter 7729 Kinder, getötet und mehr als 55 243 weitere verwundet habe. Die israelischen Angriffe hätten »weite Teile Gazas, darunter ganze Nachbarschaften, verwüstet, und mehr als 355 000 palästinensische

Gebäude zerstört, Bäckereien, Schulen, Universitäten, Geschäfte, Gotteshäuser, Friedhöfe, kulturelle und archäologische Stätten, Gemeinde- und Gerichtsgebäude, kritische Infrastruktur, darunter Wasser- und Abwasseranlagen und Elektrizitätsnetzwerke, außerdem große landwirtschaftliche Flächen«. Die Klageschrift spricht von der »schwersten konventionellen Bombenkampagne« in der Geschichte der modernen Kriegführung. Auf den dicht besiedelten Gazastreifen mit seinen rund 2,3 Millionen Bewohnern, fast die Hälfte davon Kinder, seien allein bis zum 29. Oktober 2023 rund 6000 Bomben pro Woche abgeworfen worden. Die Zerstörung des Gebiets durch Israel sei so extrem, dass »Gaza jetzt vom Weltraum aus gesehen eine andere Farbe hat«. Das Gesundheitssystem in Gaza sei nahezu vollständig zusammengebrochen, sodass Berichten zufolge Operationen, darunter Amputationen und Kaiserschnitte, ohne Betäubung durchgeführt würden. Weiterhin unterlasse es Israel, »notwendige Nahrungsmittel, Wasser, Medizin, Treibstoff, Unterkunft und andere humanitäre Unterstützung für die belagerte und eingeschlossene palästinensische Bevölkerung bereitzustellen oder sicherzustellen, was sie an den Rand einer Hungersnot getrieben hat«.[3] Selbst wenn man sich den Vorwurf des Völkermords der Anklageschrift nicht zu eigen machen möchte, so bleibt doch bemerkenswert, dass sich die NATO-Staaten angesichts der humanitären Katastrophe gegen einen Waffenstillstand sperren und die NATO selbst nicht an ihrer engen militärischen Partnerschaft mit Israel rütteln lässt.

Stillhalten und Waffenhilfe

»Gezielte Angriffe auf zivile Infrastrukturen – mit der klaren Absicht, Männer, Frauen und Kinder von Wasser, Strom und Heizung abzuschneiden – sind reine Terrorakte.« Mit diesen Worten wirft EU-Kommissionspräsidentin Ursula von der Leyen im Oktober

2022 Russland die Begehung von Kriegsverbrechen in der Ukraine vor.[4] Ein Jahr später, nach Beginn des israelischen Krieges gegen die palästinensische Bevölkerung infolge des Massakers der Hamas, erklärt sich von der Leyen wie folgt: »Dies war der schlimmste Angriff auf Israel seit der Staatsgründung. Und es kann nur eine Antwort darauf geben. Europa steht Israel zur Seite. Und wir unterstützen Israels Recht auf Selbstverteidigung.«[5] Kurz zuvor hat Israel mit wahllosen Bombardements begonnen und Verteidigungsminister Joav Galant eine komplette Blockade des Gazastreifens angeordnet: »Es wird keinen Strom, keine Lebensmittel und keinen Treibstoff geben.«[6] Von Ursula von der Leyen hierzu kein Wort.

Die Haltung der EU-Kommissionspräsidentin steht sinnbildlich für die unsägliche Doppelmoral der NATO, als deren nächste Generalsekretärin die deutsche CDU-Politikerin zwischenzeitlich gehandelt wird. Während der Westen Russland zu Recht vorwirft, im Ukraine-Krieg das humanitäre Völkerrecht zu verletzen, und dies als Grund anführt, Russland international zum Paria zu machen, haben die systematischen israelischen Kriegsverbrechen nicht dazu geführt, dass sich derselbe Westen von Israel abgewandt hätte. Im Gegenteil: Nicht nur halten die führenden NATO-Staaten an der politischen Unterstützung für Israel fest, sie liefern sogar weiter Waffen für dessen Krieg in Gaza.

Zu den größten Waffenlieferanten Israels, das etwa auch über den NATO-Mittelmeerdialog eng mit dem Bündnis militärisch kooperiert, zählen die NATO-Staaten USA, Großbritannien und Deutschland. Seit den 1980er-Jahren stellen die USA Israel jährlich Waffen im Wert von drei bis vier Milliarden Dollar zur Verfügung.[7] Es ist schlicht verlogen und zynisch, dass die US-Regierung unter Präsident Biden die israelische Regierung wiederholt zur »Mäßigung« bei der Kriegsführung in Gaza aufruft, gleichzeitig aber zum Jahresende 2023 den Verkauf von Artilleriegeschossen und Militärausrüstung im Wert von rund 150 Millionen Dollar an Israel genehmigt und im Jahr 2024 mehrere Milliarden Dollar an zusätzlicher Militärhilfe leisten will. Auch die Bundesregierung hat die Genehmigung von Waffenlieferungen an Israel deutlich gesteigert. Insgesamt genehmigte die Ampel im Jahr 2023 mit Rüstungslieferungen für 326,5 Millionen Euro an Israel zehnmal so viel wie im Vorjahr.[8] Unter den zum Großteil nach Beginn des Krieges genehmigten Rüstungsexporten befinden sich auch Kriegswaffen, die eingesetzt werden können, um palästinensische Zivilisten zu töten.

Neben der militärischen Unterstützung leistet der Westen Israel auch politische Rückendeckung für die Fortführung des Krieges. Mehrfach blockieren die USA bei Enthaltung Großbritanniens im UN-Sicherheitsrat Resolutionen für einen Waffenstillstand in Gaza. Bundesaußenministerin Annalena Baerbock verstieg sich im November 2023 in einem Interview mit der *Deutschen Welle* sogar zu der Aussage, es sei »nicht Aufgabe der Politik, dafür zu sorgen, dass die Waffen schweigen«.[9] Die Bundesregierung geht in ihrer bedingungslosen Unterstützung des israelischen Krieges so weit, vor dem Internationalen Gerichtshof als Drittpartei aufseiten Israels zu intervenieren. Nicht nur wies die Bundesregierung die sachliche und umfassende Klageschrift Südafrikas pauschal zurück, indem sie behauptete, der Vorwurf entbehre jeder Grundlage. Regierungssprecher Steffen Hebestreit warf Südafrika sogar eine »politische Instrumentalisierung« der Völkermordkonvention vor.[10]

Es steht außer Frage, dass Deutschland vor dem Hintergrund seiner Geschichte und des Menschheitsverbrechens des Holocausts eine besondere Verantwortung hat, das Existenzrecht Israels zu verteidigen. Allerdings erwächst aus dieser Verantwortung nicht die Pflicht, die brutale Kriegsführung der Netanjahu-Regierung zu unterstützen, die das humanitäre Völkerrecht fundamental verletzt. Der Krieg löst die Ursachen des Konflikts nicht, sondern leistet der Verbreitung von islamistischem Terror und Hass auf Israel Vorschub und isoliert das Land in der Region zusehends. Die pauschale und geradezu beleidigende Zurückweisung der sachlichen Klageschrift Südafrikas durch die Bundesregierung ist umso verlogener, als die Bundesregierung den türkischen Staatschef Erdogan wie bei seinem Deutschland-Besuch im November 2023 weiter hofiert, obwohl dieser – anders als Südafrika – die Terrororganisation Hamas schönredet und das Existenzrecht Israels infrage stellt.

Globaler Süden beklagt westliche Ignoranz

Die westliche Ignoranz und die geradezu neokoloniale Arroganz, die durch den Umgang mit Südafrikas Völkermord-Klage zutage treten, stoßen aus gutem Grund im Globalen Süden zusehends auf Widerstand. So hat etwa Namibias (im Februar 2024 verstorbener) Präsident Hage Geingob »tiefe Besorgnis« geäußert und von einer »schockierenden Entscheidung der deutschen Regierung« gesprochen. Angesichts des deutschen Völkermords an den Herero und Nama, dessen Beginn sich ausgerechnet am Tag der deutschen Stellungnahme im Völkermord-Verfahren gegen Israel zum 120. Mal jährt, bezeichnet Geingob Deutschland als »unfähig, Lehren aus seiner grausamen Geschichte zu ziehen«.[11]

Wie sehr sich der Westen mit seiner bedingungslosen Unterstützung Israels global isoliert, zeigt neben dem Votum von 15 der 17 Richter des IGH auch die Abstimmung in der UN-Generalversammlung über eine Resolution für einen humanitären Waffenstillstand am 12. Dezember 2023. Während diese von einer breiten Mehrheit von 153 Staaten unterstützt wird, stimmen zehn Staaten, darunter die USA, dagegen. Deutschland und Großbritannien votieren ebenso wenig für einen Waffenstillstand und enthalten sich. Aufrufe zur Mäßigung der Kriegsführung oder Appelle für »humanitäre Waffenpausen« der NATO-Staaten verkommen dadurch zur Makulatur.

Die Völkermordkonvention verpflichtet Staaten, alles in ihrer Macht Stehende zu tun, um einen Völkermord zu verhindern. Durch ihre politische Solidarität, die Lieferung von Waffen und die

Blockade eines Waffenstillstands sowie die Verhinderung völkerstrafrechtlicher Aufarbeitung der Völker- und Menschenrechtsverbrechen missachten die führenden NATO-Staaten diese Verpflichtung. Mehr noch, sie machen sich mitschuldig an dem brutalen Krieg Israels in Gaza und damit an einer der größten humanitären Katastrophen der Gegenwart. Besonders fatal ist in diesem Zusammenhang die Streichung der Finanzierung für das UN-Palästinenserhilfswerk United Nations Relief and Works Agency for Palestine Refugees (UNRWA) durch zahlreiche westliche Staaten, darunter die USA, Großbritannien und Deutschland, im Zuge der bislang nicht belegten Vorwürfe Israels, einzelne Mitarbeiter der UN-Organisation hätten sich bei dem Massaker der Hamas an israelischen Zivilisten am 7. Oktober 2023 beteiligt. Eine Kollektivstrafe für die über zwei Millionen Palästinenser in Gaza, die für ihr tägliches Überleben auf die Hilfen der UNRWA angewiesen sind.

Auch aus diesem Grund hat Nicaragua Anfang März 2024 Deutschland vor dem IGH verklagt. Durch die Streichung der Mittel für UNRWA wie auch seine politische, finanzielle und militärische Unterstützung für Israel habe Deutschland die Völkermordkonvention verletzt und die Begehung von Völkermord unterstützt, so die Auffassung des mittelamerikanischen Landes.[12] Das Risiko, dass an Israel gelieferte Waffen bei Völkerrechtsverstößen in Gaza zum Einsatz kommen, ist hoch. Das bestätigte auch ein Gericht in den Niederlanden, welches der dortigen Regierung im Februar 2024 die Lieferung von Kampfjet-Ersatzteilen an Israel untersagt hat.[13] Unabhängig davon, wie der IGH in dieser Sache entscheidet, die Klage Nicaraguas und der Protest Namibias gegen die deutsche Haltung sind Sinnbilder dafür, wie der Westen durch seine Komplizenschaft im Gaza-Krieg global weiter an Glaubwürdigkeit verliert.

Eskalation im Roten Meer

Um ein Ende des israelischen Krieges in Gaza zu erwirken, greift Jemens De-facto-Regierung der Huthi Handelsschiffe mit Verbindung zu Israel im Roten Meer an. Anstatt durch einen Waffenstillstand in Gaza auch den Attacken der Huthi und deren Auswirkungen auf die internationale Schifffahrt ein Ende zu bereiten, setzen die USA und Großbritannien mit Unterstützung weiterer NATO-Staaten mit ihrer Militärmission »Operation Prosperity Guardian« auf Eskalation und bombardieren seit Ende 2023 Ziele im Jemen.

Flankiert wird der völkerrechtlich auf wackligen Beinen stehende Luftkrieg der USA und Großbritanniens gegen die mit dem Iran alliierten Huthi von der EU, die mit dem Militäreinsatz »EUNAVFOR ASPIDES« Kriegsschiffe ins Rote Meer entsendet. Die Mission, an der sich auch Deutschland mit der Fregatte »Hessen« beteiligt, die Ende Februar 2024 ihren Einsatz mit einem versehentlichen Beschuss einer US-Drohne begonnen hat, ist zum Scheitern verurteilt. Schließlich nimmt der Militäreinsatz die eigentliche Ursache für den Konflikt im Roten Meer, nämlich Israels Krieg in Gaza, nicht in den Blick. Angesichts des riesigen Operationsgebietes, das neben der Meerenge von Bab al-Mandab und dem Roten Meer auch den Golf von Aden, das Arabische Meer, den Golf von Oman, die Straße von Hormus und den Persischen Golf umfasst, droht Deutschland eine Verwicklung in den Militäreinsatz der USA und Großbritanniens, der auch als Stellvertreterkrieg gegen den Iran gerichtet ist.

Die Konflikte in Gaza und im Roten Meer lassen sich nur politisch lösen. Ziel muss auch hier eine Friedenslösung unter dem Dach der Vereinten Nationen sein; mit einer Zweistaatenlösung auf Grundlage der Grenze von 1967, mit Ostjerusalem als Hauptstadt eines selbstständigen palästinensischen Staates. Solange ein Waffenstillstand unterbleibt, droht die massive Ausweitung des Konflikts und weitere Eskalation bis hin zu einem großen Krieg im Nahen Osten.

Der Umgang der USA und der NATO mit dem Krieg in Gaza ist ein neuer Gipfel der westlichen Doppelmoral. Er führt der Weltgemeinschaft so deutlich wie selten vor Augen, dass die westlichen Werte von Völkerrecht und Menschenrechte offenbar nur dann gelten, wenn es zu den eigenen geopolitischen Interessen passt. Die Klage Südafrikas vor dem IGH wie auch das Votum der UN-Generalversammlung zeigen, dass sich der Globale Süden diese doppelten Standards nicht länger gefallen lassen will.

Ausblick

Frieden statt NATO

Die NATO ist im Niedergang. Ihr droht ein noch größeres Desaster als der verlorene Afghanistankrieg. Weder im Stellvertreterkrieg in der Ukraine noch im Wirtschaftskrieg gegen Russland hat der Militärpakt Aussicht auf den immer wieder neu beschworenen Sieg. Nachdem die Beteiligung am Krieg mit immer mehr Waffen und – zumindest vorerst noch – kleineren Kontingenten von Soldaten aus NATO-Staaten in der Ukraine nicht die erwünschten Erfolge gebracht hat, rückt ein apokalyptisches »All-In« für manche im Militärbündnis offenbar immer mehr in den Bereich des Vorstellbaren. Umso verzweifelter werden die täglichen Beschwörungen der vermeintlichen Wirkung neuer Wunderwaffen und einer Erhöhung des eigenen Einsatzes. Umso lauter wird das Geschrei der Kriegstreiber, die jeden Ruf nach einem Schweigen der Waffen als Putin-Plan zu denunzieren versuchen.

Die NATO soll offenbar die liberale Ordnung durch illiberale Mittel retten, frei nach dem Motto »Wie viel Böses müssen wir tun, um Gutes zu tun.«[1] So postuliert es Hal Brands, »Henry A. Kissinger Distinguished Professor« an der Johns Hopkins University in Baltimore, für die USA. Auch wenn die NATO durch dieses Bestreben vor eine Zerreißprobe gestellt wird, sollte man auf eine Selbstauflösung keine Hoffnung setzen. Schließlich droht der Militärpakt, im Fallen alles mit sich zu reißen. Umso dringender ist es, an Alternativen zu arbeiten, um eine solche Katastrophe zu verhindern. Eine wünschenswerte Auflösung der NATO bei Schaffung eines alternativen kollektiven Sicherheitssystems scheint gegenwärtig in weiter Ferne zu liegen. Beim Nachdenken über Alternativen helfen daher weder idealistische Setzungen noch Maximalforderungen im Namen einer sich selbst radikalisierenden Moral. Vielmehr bedarf es konkreter Überlegungen, wie die Gefahr einer weiteren Eskalation gebannt und der Weg zu einem grundlegenden Wandel der internationalen Beziehungen eingeschlagen werden kann. Dazu fünf Vorschläge.

Erstens: zurück zur Diplomatie. Sowohl für den Krieg in der Ukraine als auch den Krieg in Gaza liegen die Vorschläge für einen sofortigen Waffenstillstand auf dem Tisch. Leider haben die USA und die NATO-Staaten, sei es mit einem Veto im UN-Sicherheitsrat oder durch die Torpedierung der Istanbuler Friedensverhandlungen, alles getan, um diplomatische Lösungen zu verhindern. Eine Rückkehr zur Diplomatie ist aber alternativlos. Früher gab es einmal die grundlegende Erkenntnis, dass Kriege und Konflikte erst eingefroren werden müssen, um Verhandlungen überhaupt eine Chance zu geben. Heute gilt die Forderung nach einem Waffenstillstand den Gläubigen des Militärpakts als Verrat. Ziel muss nicht nur die Verwendung friedlicher Mittel zwischen den Staaten, sondern auch die Erreichung friedlicher Ziele sein. Im Überschwang des Siegesgefühls nach dem Ende des Kalten Krieges haben die USA und die NATO darauf gesetzt, eine Politik der Entspannung und des Interessenausgleichs zu diskreditieren. Wer nach Ausgleich strebt und die Interessen des anderen mit ins Kalkül zieht, wird heute als Defätist gebrandmarkt. Ohne den Mut zur Diplomatie aber wird die zerstörerische Agonie der Situation nur verlängert. Und während in den USA in der führenden Zeitschrift für Außenpolitik *Foreign Affairs* vom 5. März 2024 gefragt wird, »wie der Weg für Diplomatie, um den Krieg in der Ukraine zu beenden, geebnet werden kann«,[2] bestimmen in Deutschland weiter die Kriegsbesoffenen mit ihren Forderungen nach Waffen, Waffen und immer schwereren Waffen den Ton.

Zweitens: zurück zum Völkerrecht. Mit dem völkerrechtswidrigen Angriffskrieg gegen Jugoslawien, der US-Intervention im Irak und dem NATO-Krieg gegen Libyen haben USA und NATO-Türen geöffnet, durch die andere später gegangen sind. Warum sollte bei der Krim, dem Donbass, Südossetien oder Abchasien nicht das gelten, was die NATO selbst im Kosovo durchgesetzt hat? Warum sollte der Appell, Völkerrecht zu achten, nach der mit Lügen legitimierten Irak-Intervention glaubhaft sein? Das Völkerrecht ist ungeachtet aller Unzulänglichkeiten und Widersprüche von unschätzbarem Wert für das friedliche Zusammenleben der Staaten und die Stabilität der internationalen Ordnung. Die Achtung des Gewaltverbots und der Verzicht auf die einseitige Verschiebung von Grenzen sind wesentlich dafür, dem Völkerrecht wieder universelle Geltung zu verleihen. Krieg darf kein Mittel der Politik sein. Als Vorbild für friedliche Lösungen bei internationalen Streitfällen können historische Erfolge wie die Saar-Abstimmung 1955, die Internationalisierung und Entmilitarisierung Spitzbergens oder die Autonomie und die Entmilitarisierung der Aland-Inseln sowie das Autonomie-Statut für Südtirol dienen.

Drittens: Mut zur Neutralität. Im Kalten Krieg war Neutralität für Staaten, die weder dem Warschauer Vertrag noch der NATO angehörten, ein Schutz, um sich aus Konflikten herauszuhalten. Im Fall Finnlands diente dies zudem dem Abbau von Spannungen an der Grenze zur Sowjetunion. Für Österreich war Neutralität der Schlüssel zur Wiederherstellung der staatlichen Integrität, indem sie den Abzug von sowjetischen Truppen und damit ein Ende der Besatzung der Alliierten nach dem Ende des Zweiten Weltkrieges ermöglichte.

Heute muss der Irrweg des Anschlusses der Ukraine, von Moldau oder Georgien an die NATO revidiert werden. Der vom damaligen

US-Präsidenten George W. Bush durchgepeitschte Beschluss einer Beitrittsperspektive für die Ukraine und Georgien auf dem NATO-Gipfel in Bukarest 2008 war ein historischer Fehler, der mit der russischen Invasion zu einer sich selbst erfüllenden Prophezeiung wurde. In der Neutralität der Ukraine liegt der Ausweg aus dem Konflikt mit Russland. Der im Entwurf eines Friedensvertrags von April 2022 vorgesehene Austausch von Neutralität im Gegenzug zu Sicherheitsgarantien durch die ständigen Mitglieder des UN-Sicherheitsrats ist ein wegweisender Kompromiss. Wir brauchen nicht weniger, sondern mehr Neutralität in Europa. Denn betrachten wir die Dominanz der USA über die NATO und deren Mitglieder, wird offenbar: Neutralität ist nicht nur ein Garant für Frieden, sondern eröffnet auch den Weg zur Wiederherstellung der demokratischen Souveränität.

Viertens: zurück zur Abrüstung. Wenn es möglich war, mit der Sowjetunion Abrüstungsverträge abzuschließen, muss dies erst recht mit Russland möglich sein. Die USA haben mit ihren Verletzungen des Völkerrechts und mit der Aufkündigung von Abrüstungsverträgen Vertrauen zerstört. Wer die Eskalation in Richtung Weltkrieg aufhalten will, der muss daran arbeiten, wieder Vertrauen herzustellen. Gemeinsame Abrüstung schafft Sicherheit, nicht die Aufrüstungsspirale, in der wir uns derzeit befinden. Es ist eine Binsenweisheit und gerät heutzutage doch oft in Vergessenheit: Die Letzten, die Interesse an Frieden und Abrüstung haben, sind die Aktionäre und Lobbyisten der Rüstungsschmieden. Deren Widerstand gilt es zu brechen.

Fünftens: den Wirtschaftskrieg beenden. Sanktionen scheinen für NATO-Staaten eine probate Methode, um ihre Interessen durchzusetzen. Die einseitigen Zwangsmaßnahmen bedienen sich zwar friedlicher Mittel, zielen aber auf die Durchsetzung gewaltsamer Zwecke. Kurz: Sanktionen sind nichts anderes als eine andere Art der Kriegsführung. Was bei Syrien oder dem Iran noch funktioniert haben mag, bewirkt beim Wirtschaftskrieg gegen Russland aber nun das Gegenteil. Statt den Feind zu ruinieren, ruinieren die Sanktionen das eigene Land und treffen vor allem die eigene Bevölkerung. Eine Entmilitarisierung der internationalen Beziehungen wird nur gelingen, wenn auch die Wirtschaftskriege beendet werden. Auch hier braucht es einen Abrüstungsvertrag, der einseitige Wirtschaftssanktionen als völkerrechtswidriges Mittel der Kriegsführung, das vor allem Zivilbevölkerungen trifft, ächtet.

Ohne Verträge und Institutionen läuft jeder Neubeginn ins Leere. In der politischen Rechten in den USA ist es wieder populär geworden, sogar den Austritt aus den Vereinten Nationen zu fordern. Während der Präsidentschaft von Trump zogen sich die USA aus einzelnen Organen und Organisationen der Vereinten Nationen zurück. Auch in Deutschland ertönt vereinzelt die aberwitzige Forderung nach einem UN-Austritt.[3] Das Kalkül dahinter ist offenbar, als Westen und NATO endlich nur noch sich selbst und einer immer enger kontrollierten eigenen Öffentlichkeit verantwortlich sein zu müssen. Diese Forderung ist Teil einer bereits stattfindenden Re-Kolonialisierung der Außenpolitik mit dem Ziel, die immer stärker werdende Stimme des Globalen Südens nicht mehr zu hören. In Bezug auf die BRICS versucht es der Westen mit dem legendären Vogel-Strauß-Prinzip und steckt den Kopf in den Sand.

Der Schutz der demokratischen Souveränität der Nationalstaaten und die Stärkung der Vereinten Nationen sind kein Widerspruch. Jedenfalls nicht, solange ein Transfer von Souveränität an intransparente transnationale Organisationen unterbleibt, die wiederum der Durchsetzung von Kapitalinteressen besonders ausgesetzt sind, wie wir dies teilweise im Fall der EU erleben. Ungeachtet all ihrer Unvollkommenheit sind und bleiben die Vereinten Nationen das Gegenmodell zur NATO, dem einzig verbliebenen Militärpakt der Welt. Die Vereinten Nationen sind die globale Plattform für Aushandlungsprozesse und Interessenausgleich. Genau hier liegen zugleich die verschütteten Potenziale. So könnte etwa der Wirtschafts- und Sozialrat der Vereinten Nationen dazu beitragen, die sozialen

Menschenrechte global durchzusetzen und die schonungslose Ausbeutung des Globalen Südens wie auch den sozialen Krieg der NATO-Staaten gegen die eigene Bevölkerung zu beenden.

Anstatt mit der NATO weiter auf Eskalation zu setzen und damit die Menschheit in den Abgrund zu treiben, gilt es, die gegenwärtige existenzielle Krise des Militärbündnisses in Richtung eines wirklichen Systems kollektiver Sicherheit aufzulösen, das nicht gegen einen äußeren Feind gerichtet ist, sondern nach innen Wirksamkeit entfaltet. Die Sozialdemokratie kannte nach dem Ende des Kalten Krieges von 1989 bis 2007 noch die Überwindung der NATO als Programm. Bundeskanzler Olaf Scholz zeigte sich in seiner Zeit als stellvertretender Bundesvorsitzender der Jugendorganisation der SPD »Jusos« offen für die Diskussion über einen NATO-Austritt. Auch die Grünen forderten in ihrem Bundestagswahlprogramm 1987, dass sich die Bundesrepublik der militarisierten Außenpolitik von NATO und der USA entzieht und aus der NATO austritt. Das ist leider allzu schnell in Vergessenheit geraten. Solche Überlegungen werden nun als zu radikal gebrandmarkt. Welch eine Farce! Heute hat sich die Situation angesichts der Neuausrichtung der NATO zugespitzt. Der Militärpakt wird auch in der Öffentlichkeit immer weniger als wirkliches Verteidigungsbündnis wahrgenommen. Daher nimmt es nicht wunder, dass laut einer Umfrage von 2023 inzwischen eine Mehrheit der Bevölkerung in Deutschland die militärische Unterstützung eines anderen NATO-Landes – und damit den Kern der NATO – nicht unterstützt.[4] Mit ihrer Unterstützung von Israels Krieg in Gaza hat sich die NATO auch in ihrem Anspruch als Wertebündnis mindestens im Globalen Süden endgültig desavouiert. Und indem die NATO versucht, ihren globalen Dominanzanspruch umzusetzen, beschwört das Militärbündnis schließlich die für sie gefährlichste Kräftekonstellation gegen sich selbst herauf. Das Streben nach Alternativen zur NATO ist Widerstand zu einer Weltkriegspolitik. Wir brauchen Frieden statt NATO.

Anmerkungen

Einleitung: Die drei großen Mythen der NATO

1 Bettina Menzel: NATO-Austritt der USA: Senator nennt rote Linie und stellt Bedingungen ans Verteidigungsbündnis, Frankfurter Rundschau, 13. März 2024, https://www.fr.de/politik/usa-bedingungen-verteidigungsbuendnis-ukraine-krieg-senator-rote-linie-nato-austritt-zr-92882011.html
2 Spiegel Online: Schröder macht EU für Krim-Krise mitverantwortlich, 9. März 2014, https://www.spiegel.de/politik/deutschland/krim-krise-ex-kanzler-gerhard-schroeder-kritisiert-eu-a-957728.html
3 Vgl. Otto Jäckel: Air Base Ramstein und das Völkerrecht – Alles erlaubt?, https://jaeckel-rechtsanwaelte.de/aktuelles/artikel/air-base-ramstein-und-das-volkerrecht-alles-erlaubt/
4 Vgl. Costs of War. Afghan Civilians. Watson Institute for International and Public Affairs. Brown University, USA, https://watson.brown.edu/costsofwar/costs/human/civilians/afghan
5 Vgl. David Signer: Das Lager des langsamen Todes, NZZ, 22. Januar 2019. https://www.nzz.ch/international/das-lager-des-langsamen-todes-ld.1453394
6 Vgl. Unterstützung für die Terrorgruppe. Türkei stehe »fest hinter den Hamas-Anführern«, bekräftigt Erdogan. Welt, 09. März 2024, https://www.welt.de/politik/ausland/article250484948/Erdogan-Tuerkei-ist-ein-Land-das-fest-hinter-den-Hamas-Anfuehrern-steht.html
7 Watson Institute, Brown University: How Death Outlives War: The Reverberating Impact of Post-9/11 Wars on Human Health, 15. Mai 2023, https://watson.brown.edu/costsofwar/papers/2023/IndirectDeaths
8 Siehe: WikiLeaks: Afghan War Diary, 2004–2010. https://wikileaks.org/wiki/Afghan_War_Diary,_2004-2010, vgl. auch: Matthias Gebauer, Sebastian Fischer und Philipp Wittrock: Task Force 373. Die dreckigste Seite des Krieges. https://www.spiegel.de/politik/ausland/task-force-373-die-dreckigste-seite-des-krieges-a-708507.html und Afghanistan war logs: Task Force 373 – special forces hunting top Taliban. https://www.theguardian.com/world/2010/jul/25/task-force-373-secret-afghanistan-taliban

9 Amnesty International, USA: Präsident Biden muss Gefangenenlager Guantanamo endlich schließen, 10. Januar 2022, https://www.amnesty.de/allgemein/pressemitteilung/usa-biden-muss-guantanamo-endlich-schliessen
10 Dick Marty: Secret detentions and illegal transfers of detainees involving Council of Europe member states: second report, Parliamentary Assembly, Council of Europe, 07. Juni 2007, https://assembly.coe.int/committeedocs/2007/emarty_20070608_noembargo.pdf
11 Barbara Vorsamer: Die zehn Erkenntnisse des Dick Marty. Süddeutsche Zeitung, 17. Mai 2010, https://www.sueddeutsche.de/politik/europarat-bericht-zur-cia-die-zehn-erkenntnisse-des-dick-marty-1.636319
12 Strategisches Konzept der NATO 2022, 29. Juni 2022, https://nato.diplo.de/nato-de/01-NATOStatements/-/2539668
13 David Steinvorth: Die NATO sichert Israel Solidarität zu, NZZ, 13. Oktober 2023. https://www.nzz.ch/international/israel-nato-sichert-solidaritaet-zu-ld.1760541
14 Vgl. etwa tageschau.de, Rüstungsexporte nach Israel fast verzehnfacht, 08. November 2023, https://www.tagesschau.de/inland/israel-deutschland-ruestungsexporte-100.html
15 Liudmila Kotlyarova: Sanktionen der USA: Banken der Emirate kündigen jetzt russische Konten, Berliner Zeitung, 19. Februar 2024, https://www.berliner-zeitung.de/wirtschaft-verantwortung/sanktionen-der-usa-auch-banken-der-emirate-kuendigen-jetzt-russische-konten-li.2188689

Kapitel 1: Gebrochene Versprechen

1 Strategisches Konzept der NATO 2022, 29. Juni 2022, https://nato.diplo.de/nato-de/01-NATOStatements/-/2539668
2 Vgl. tagesschau vom 3.2.1990, https://www.tagesschau.de/multimedia/video/video-ts-49440.html
3 Vgl. https://nsarchive.gwu.edu/briefing-book/russia-programs/2017-12-12/nato-expansion-what-gorbachev-heard-western-leaders-early
4 Offenbar verwechselte Chrobog die Elbe mit der Oder. Vgl. Klaus Wiegrefe: Neuer Aktenfund von 1991 stützt russischen Vorwurf, DER SPIEGEL 8/2022, https://www.spiegel.de/ausland/nato-osterweiterung-aktenfund-stuetzt-russische-version-a-1613d467-bd72-4f02-8e16-2cd6d3285295
5 Vertrag vom 12. September 1990 über die abschließende Regelung in Bezug auf Deutschland, »2+4-Vertrag«, https://www.auswaertiges-amt.de/blob/243466/28 51e102b97772a5772e9fdb8a978663/vertragstextoriginal-data.pdf
6 https://www.nbcnews.com/politics/politics-news/trump-says-russia-whatever-hell-want-nato-countries-dont-pay-enough-rcna138256
7 Spiegel Online: Lettland kündigt Zwangsausweisungen von Russen ohne Sprachkenntnisse an, 20. Januar 2024, https://www.spiegel.de/ausland/lettland-kuendigt-zwangsausweisungen-von-russen-ohne-sprachkenntnisse-an-a-7c7b845a-381e-4a1d-9515-6db81677988
8 George F. Kennan: A Fatefull Error, The New York Times, 5. Februar 1997, https://www.nytimes.com/1997/02/05/opinion/a-fateful-error.html
9 Antwort des Staatsministers Michael Roth auf die Frage der Abgeordneten Sevim Dagdelen (DIE LINKE), Drucksache Nr. 18/4773, Frage 19, https://www.se

vimdagdelen.de/muendliche_frage_plpr_18_102_etwaige_blumenniederlegung_am_grab_von_stepan_bandera_durch_den_ukrainischen_botschafter/

10 Nicolas Potter: Wie rechtsextreme Soldaten in der Ukraine vom Westen ausgebildet werden, Bell Tower News, 19. Januar 2022, https://www.belltower.news/militaerorden-centuria-und-asow-wie-rechtsextreme-soldaten-in-der-ukraine-vom-westen-ausgebildet-werden-127085/

11 Roman Gondarenko: Erneute Eskalation in der Ostukraine?, Deutsche Welle, 1. November 2021, https://www.dw.com/de/diskussion-um-kampfdrohneneinsatz-in-der-ostukraine/a-59665012

Kapitel 2: Wie die NATO den Krieg befeuert und einen Frieden verhindert

1 ZDFheute: Makeiev: »Deutsche Panzer überlebenswichtig«, 15. Januar 2023, https://www.zdf.de/nachrichten/politik/oleksii-makeiev-kampfpanzer-leopard-ukraine-krieg-russland-100.html

2 Vgl. Julia Borutta: Was ist Macrons Strategie beim Thema Bodentruppen, ARD, 9. März 2024, https://www.tagesschau.de/ausland/europa/macron-truppen-ukraine-100.html

3 Arpan Rai: Germany accused of ›flagrant abuse of intelligence‹ for revealing British help in Ukraine, The Independent, 29. Februar.2024, https://www.independent.co.uk/news/world/europe/british-soldiers-in-ukraine-germany-b2504462.html. Der 38 Minuten lange Mitschnitt wurde am 1. März 2024 von der Chefredakteurin des russischen Staatssenders RT, Margarita Simonjan, unter anderem hier veröffentlicht: https://vk.com/wall561960677_950647

4 International Legion for the Defense of Ukraine, https://ildu.com.ua/

5 Bernhard Clasen: Auftragsmord in Moskau. Tödliche Schüsse in Kopf und Brust, taz, 7. Dezember 2023.

6 Jens Stoltenberg: The Secretary General's Annual Report 2023, 14. März 2024, https://www.nato.int/cps/en/natohq/opinions_223291.htm

7 Iryna Balachuk und Roman Romaniuk: Possibility of talks between Zelenkyy and Putin come to a halt after Johnson's visit – UP sources, Ukainska Prawda, 5. Mai 2022.

8 Berliner Zeitung: Selenskyjs Parteifreund im Interview: Boris Johnson sagte Ukrainern, sie sollten weiterkämpfen, 25. November 2023. https://www.berliner-zeitung.de/news/boris-johnson-fraktionsvorsitzender-der-selenskyj-partei-ukraine-krieg-haette-2022-beendet-sein-koennen-li.2162278

9 Siehe etwa Interview mit Naftali Bennett, 4. Februar 2022, https://www.youtube.com/watch?v=qK9tLDeWBzs; Viola Ulrich und Frank Stocker: Türkischer Außenminister kritisiert Nato-Partner, welt.de, 20. April 2022, https://www.welt.de/politik/ausland/article238259155/Ukraine-Krieg-im-Liveticker-Tuerkischer-Aussenminister-kritisiert-Nato-Partner.html; Gerhard Schröder im Interview, Berliner Zeitung, 21. Oktober 2023, https://www.berliner-zeitung.de/politik-gesellschaft/gerhard-schroeder-im-exklusiv-interview-was-merkel-2015-gemacht-hat-war-politisch-falsch-li.2151196; Berliner Zeitung: Selenskyjs Parteifreund im Interview: Boris Johnson sagte Ukrainern, sie sollten weiterkämpfen, 25. November 2023, https://www.berliner-zeitung.de/news/boris-johnson-fraktionsvorsitzender-der-selenskyj-partei-ukraine-krieg-haette-2022-beendet-

sein-koennen-li.2162278; Interview mit Wladimir Putin, Tucker Carlson, 9. Februar 2024, https://www.youtube.com/watch?v=fOCWBhuDdDo

10 Vgl. etwa Pascal Siggelkow: Westen hat Waffenstillstand nicht verhindert, ARD, 17. Februar 2023, https://www.tagesschau.de/faktenfinder/ukraine-russland-frieden-101.html; Oliver Klein und Jan Schneider: Wie Wagenknecht die Realität verzerrt, ZDFheute, 22. Februar 2023, https://www.zdf.de/nachrichten/politik/friedensverhandlungen-waffenstillstand-wagenknecht-bennett-ukraine-krieg-russland-100.html

11 Max Colchester, Thomas Grove und James Marson: Document From 2022 Reveals Putin's Punishing Terms for Peace, The Wall Street Journal, 1. März 2024, https://www.wsj.com/world/russia-ukraine-peace-deal-2022-document-6e12e093

12 Zbigniew Brzeziński: Die einzige Weltmacht: Amerikas Strategie der Vorherrschaft, (Englischer Titel: The Grand Chessboard: American Primacy and Its Geostrategic Imperatives, 1997). Die erste deutschsprachige Ausgabe erschien 1999 im S. Fischer-Verlag mit einem Vorwort von Hans-Dietrich Genscher.

Kapitel 3: »Zeitenwende« und Kriegstüchtigkeit

1 Zeit Online: Boris Pistorius verteidigt seine Forderung nach »Kriegstüchtigkeit«, 12. November 2023, https://www.zeit.de/politik/2023-11/bundeswehr-boris-pistorius-verteidigungspolitik-kriegstuechtigkeit

2 Wirtschaftswoche: EU-Staaten und Parlament einigen sich auf neue Schuldenregeln, 10. Februar 2024, https://www.wiwo.de/politik/ausland/bruessel-eu-staaten-und-parlament-einigen-sich-auf-neue-schuldenregeln/29648930.html

3 Francois Misser: Uranabbau in Niger. Da strahlt das Land. taz, 29.8.2023, https://taz.de/Uranabbau-in-Niger/!5953147/

4 Human Rights Watch: Chad: Prominent Opposition Leader Killed. Investigate Yaya Dillo's Death During Crackdown by Security Forces, 1. März 2024, https://www.hrw.org/news/2024/03/01/chad-prominent-opposition-leader-killed; Harald Stutte: Was machen Orbans Soldaten im Tschad?, RND, 12. März 2024, https://www.rnd.de/politik/was-machen-orbans-soldaten-im-tschad-NILLPVALBJDO7EI6DBEBQV47UI.html

5 Claudio Kummerfeld: Rheinmetall-Aktie im Höhenflug – Blick auf Daten und Erwartungen, Finanzmarktwelt, 14. Februar 2024, https://finanzmarktwelt.de/rheinmetall-hoehenflug-301045/

6 Militärhistoriker Sönke Neitzel im Interview: »Die Bundeswehr könnte momentan wohl nur beweisen, dass sie mit Anstand zu sterben versteht.«, RND, 1. Februar 2024, https://www.rnd.de/politik/zusammenbruch-der-ukraine-was-eine-niederlage-fuer-europa-bedeuten-koennte-RGMBM7WCXBC4TCTCPO23INPD6M.html

Kapitel 4: Wirtschaftskrieg – das Imperium und seine Vasallen

1 Strategisches Konzept der NATO 2022, 29. Juni 2022, https://nato.diplo.de/nato-de/01-NATOStatements/-/2539668

2 Tagesschau.de: Energiepreise deutlich über Vorkrisenniveau, 25. Februar 2024, https://www.tagesschau.de/wirtschaft/energie/verbraucher-energiepreise-100.html.
3 Lord Ismay zitiert nach: https://www.nato.int/cps/en/natohq/declassified_137930.htm
4 Statista: USA: Anteil am kaufkraftbereinigten globalen Bruttoinlandsprodukt (BIP) von 1981 bis 2022 und Prognosen bis 2028, 2. Januar 2024, https://de.statista.com/statistik/daten/studie/166810/umfrage/anteil-der-usa-am-globalen-bruttoinlandsprodukt-bip/
5 Statista: Anteil der BRICS-Staaten am kaufkraftbereinigten globalen Bruttoinlandsprodukt (BIP) von 1980 bis 2022 und Prognosen bis 2028, 2. Januar 2024, https://de.statista.com/statistik/daten/studie/248719/umfrage/anteil-der-bric-staaten-am-globalen-bruttoinlandsprodukt-bip/
6 Axinocapital: BRICS-Staaten nehmen es mit G7-Staaten auf, 31. Juli 2023, https://www.axinocapital.de/make-money/artikel/brics-staaten-nehmen-es-mit-g7-staaten-auf
7 Handelsblatt: Russische Wirtschaft erholt sich 2023 – BIP steigt um 3,6 Prozent, 7. Februar 2024, https://www.handelsblatt.com/politik/konjunktur/konjunktur-russische-wirtschaft-erholt-sich-2023-bip-steigt-um-36-prozent/100013450.html
8 Statistisches Bundesamt (Destatis): Bruttoinlandsprodukt im Jahr 2023 um 0,3 % gesunken, 15. Januar 2024, https://www.destatis.de/DE/Presse/Pressemitteilungen/2024/01/PD24_019_811.html
9 Eurostat: GDP stable in both the euro area and the EU, 15. Januar 2024, https://ec.europa.eu/eurostat/documents/2995521/18404141/2-30012024-AP-EN.pdf/90da3cfd-0c61-d735-3d27-2597bd170e28
10 U.S. Bureau of Economic Analysis: Gross Domestic Product, Fourth Quarter and Year 2023 (Advance Estimate), 25. Januar 2024, https://www.bea.gov/news/2024/gross-domestic-product-fourth-quarter-and-year-2023-advance-estimate

Kapitel 5: Das Ende der Rüstungskontrolle

1 Dokumentiert in: Blätter für deutsche und internationale Politik, 3/2007.
2 Manfred Wörner: The Atlantic Alliance and European Security in the 1990s. Address by NATO Secretary General, Manfred Wörner to the Bremer Tabaks Collegium, Brüssel, 17. Mai 1990, https://www.nato.int/cps/en/natolive/opinions_23732.htm
3 David E. Sanger: Biden's Armageddon Moment: When Nuclear Detonation Seemed Possible in Ukraine, New York Times, 9. März 2024, https://www.nytimes.com/2024/03/09/us/politics/biden-nuclear-russia-ukraine.html
4 Vgl. Department of Defense Releases its 2022 Strategic Reviews – National Defense Strategy, Nuclear Posture Review, and Missile Defense Review. 27. Oktober 2022, https://www.defense.gov/News/Releases/Release/Article/3201683/department-of-defense-releases-its-2022-strategic-reviews-national-defense-stra/; Heather Williams, Kelsey Hartigan, Lachlan MacKenzie und Reja Younis: Russian Nuclear Calibration in the War in Ukraine, CSIS Brief February 2024,

https://csis-website-prod.s3.amazonaws.com/s3fs-public/2024-02/240223_Williams_Nuclear_Calibration.pdf?VersionId=WkKIPAg88HKltQVyZ_LkvtfOAp5nThqA; William Alberque: Russian Military Thought and Doctrine Related to Non-strategic Nuclear Weapons: Change and Continuity, 22. Januar 2024, https://www.iiss.org/research-paper/2024/01/russian-military-thought-and-doctrine-related-to-nonstrategic-nuclear-weapons/; Isabelle Daniel: Wer atomar besonders stark aufrüstet – und was Experten Sorge macht. Zeit online, 13. Juni 2023, https://www.zeit.de/politik/ausland/2023-06/atomwaffen-aufruestung-atomkrieg-sipri-faq#hat-sich-die-russische-nuklearstrategie-durch-den-ukraine-krieg-veraendert.

5 Ingo Lierheimer: Was auf der Sicherheitskonferenz zu erwarten ist, 16. Februar 2024, https://www.tagesschau.de/ausland/europa/sicherheitskonferenz-us-atomschutzschirm-100.html

Kapitel 6: Kollateralschaden Völkerrecht – der NATO-Krieg gegen Jugoslawien

1 Henry Kissinger, Daily Telegraph, 28 Juni 1999, zitiert nach: https://www.kosovo-online.com/en/news/kontext/feuilleton-henry-kissinger-america-and-kosovo-1-using-nato-separation-kosovo

2 Rudolf Augstein: Arroganz der Macht. In: Der Spiegel 18/1999, https://www.spiegel.de/politik/arroganz-der-macht-a-df9c0fce-0002-0001-0000-000012807460

3 Erich Follath, Siegesmund von Ilsemann und Alexander Szandar: Der etwas andere Krieg. In: Der Spiegel 2/2000, https://www.spiegel.de/politik/der-etwas-andere-krieg-a-13926bd0-0002-0001-0000-000015376096

4 Bernd Ulrich: Ein grüner Patriot, Tagesspiegel, 27. Juni 2006, https://www.tagesspiegel.de/politik/ein-gruner-patriot-1347391.html

5 Bernd Ulrich: Wofür Deutschland Krieg führen darf Und muss. Eine Streitschrift, 2011, Rowohlt Verlag, Hamburg.

Kapitel 7: Gladio in Europa – Kooperation der NATO mit rechten Terroristen

1 Erich Schmidt-Eenboom und Ulrich Stoll: Die Partisanen der NATO. Stay-Behind-Organisationen in Deutschland 1946–1991, Ch. Links Verlag, 2016.

2 Otto Langels: Geheimorganisationen im Kalten Krieg. Partisanen der NATO, Deutschlandfunk, 25. Januar 2016, https://www.deutschlandfunk.de/geheimorganisationen-im-kalten-krieg-partisanen-der-nato-100.html

3 Daniele Ganser: Nato-Geheimarmeen in Europa: Inszenierter Terror und verdeckte Kriegsführung, Orell Füssli, 2008 – Neuauflage mit einem Vorwort von Georg Kreis, Westend-Verlag, 2022.

4 Florian Fuchs: Die Brisanz von Spur 253. Süddeutsche Zeitung, 3. Juni 2014, https://www.sueddeutsche.de/muenchen/oktoberfestattentat-die-brisanz-von-spur-253-1.1983189

5 Markus Kompa: Partisanen der NATO, Telepolis, 25. Oktober 2015, https://www.telepolis.de/features/Partisanen-der-NATO-3376143.html

6 Vgl. Antwort der Bundesregierung auf die Kleine Anfrage der Abgeordneten Ulla Jelpke, Sevim Dagdelen et al.: Mögliche Beteiligung des Bundesnachrich-

tendienstes an Bombenanschlägen im Rahmen der »Stay-behind«-Organisation der NATO, Drucksache Nr. 17/13615, 22. Mai 2013, https://dserver.bundestag.de/btd/17/136/1713615.pdf

Kapitel 8: Das flexible Verhältnis der NATO zur Demokratie – von Salazar bis zu den Saudis

1 https://www.fordlibrarymuseum.gov/library/document/0314/1552830.pdf
2 284. Telegram From the Embassy in Greece to the Department of State, 05. Mai 1967, https://2001-2009.state.gov/r/pa/ho/frus/johnsonlb/xvi/4763.htm, Deutsche Übersetzung zitiert nach: Janis Nalbadidacis: Geburtshelfer der Demokratie. Die Militärdiktatur in Griechenland, 1967–1974. In: Jörg Ganzenmüller (Hg.): Europas vergessene Diktaturen? Diktatur und Diktaturüberwindung in Spanien, Portugal und Griechenland, Böhlau Verlag, 2018.
3 https://www.cia.gov/readingroom/docs/DOC_0000227065.pdf. Deutsche Übersetzung zitiert nach: Giorgos Christides, Als die Demokratie an ihrem Geburtsort starb, 20. April 2017, https://www.spiegel.de/geschichte/militaerputsch-in-griechenland-1967-als-die-junta-die-demokratie-toetete-a-1143692.html
4 Zeit Online: Berlin nennt Türkei »zentrale Aktionsplattform« für Islamisten, 16. August 2016, https://www.zeit.de/news/2016-08/16/terrorismus-bericht-tuerkei-zentrale-aktionsplattform-fuer-islamisten-16124005
5 Vgl. auch Sevim Dagdelen: Der Fall Erdogan: Wie uns Merkel an einen Autokraten verkauft, Westend Verlag 2016.
6 Der Spiegel: »Kein Bolivien und Südkorea« – Die Nato und ihr vergessenes Mitgliedsland Türkei, 38/1980, https://www.spiegel.de/politik/kein-bolivien-und-suedkorea-a-342689b8-0002-0001-0000-000014329965

Kapitel 9: Fernost-Erweiterung – die NATO expandiert nach Asien

1 Strategisches Konzept der NATO 2022, 29. Juni 2022, https://nato.diplo.de/nato-de/01-NATOStatements/-/2539668
2 Statistisches Bundesamt (Destatis): BRICS+ in Zahlen, 2024, https://www.destatis.de/DE/Themen/Laender-Regionen/Internationales/Thema/allgemeines-regionales/BRICS/_inhalt.html
3 Stiftung Wissenschaft und Politik (SWP): Sicherheit im Indo-Pazifik – Die Asianisierung der regionalen Sicherheitsarchitektur, SWP-Studie 11, Oktober 2022, Berlin.
4 QUAD: Quad Joint Leaders' Statement, 24. Mai 2022, https://www.whitehouse.gov/briefing-room/statements-releases/2022/05/24/quad-joint-leaders-statement/
5 USA, Japan, Südkorea: The Spirit of Camp David: Joint Statement of Japan, the Republic of Korea, and the United States, 18. August 2023, https://www.whitehouse.gov/briefing-room/statements-releases/2023/08/18/the-spirit-of-camp-david-joint-statement-of-japan-the-republic-of-korea-and-the-united-states/
6 Vgl. Martin Kölling: China sieht Bündnis aus Japan, Südkorea und USA als »Mini-Nato«, Handelsblatt, 21. August 2023, https://www.handelsblatt.com/politik/international/geopolitik-china-sieht-buendnis-aus-japan-suedkorea-und-usa-als-mini-nato/29340126.html

7 Wissenschaftliche Dienste des Bundestags: Sicherheits- und verteidigungspolitische Entwicklungen im indopazifischen Raum mit einem Fokus auf Taiwan, WD 2 – 3000 – 074/23, 8. November 2023.
8 Göran Swistek: Quadratur des Kreises im Indo-Pazifik, SWP-Aktuell 2021/A 29, 30. März 2021, Stiftung Wissenschaft und Politik, Berlin.
9 Bundesregierung: Leitlinien zum Indo-Pazifik, 1. September 2020, Berlin, https://www.auswaertiges-amt.de/blob/2380500/33f978a9d4f511942c241eb46 02086c1/200901-indo-pazifik-leitlinien--1--data.pdf
10 Internationaler Gerichtshof: Legal Consequences of the Separation of the Chagos Archipelago from Mauritius in 1965, Nr. 2019/9, 25. Februar 2019, Den Haag.
11 Spiegel Online: Biden sichert Taiwan militärische Unterstützung bei Angriff zu, 19. September 2022, https://www.spiegel.de/ausland/taiwan-us-praesident-joe-biden-sichert-taipeh-erneut-militaerische-verteidigung-bei-chinesischem-angriff-zu-a-e0966afd-2cd2-4f5e-9340-4a225250c193
12 Sean Lin und Matt Yu: Presence of U.S. Army Special Forces on outlying islands confirmed, Focus Taiwan, 14. März 2024, https://focustaiwan.tw/poli tics/202403140016
13 Bloomberg: Xi, Biden and the $10 Trillion Cost of War Over Taiwan, 9. Januar 2024, https://www.bloomberg.com/news/features/2024-01-09/if-china-inva des-taiwan-it-would-cost-world-economy-10-trillion

Kapitel 10: Ausweitung der Kampfzone – der Informationskrieg der NATO

1 U.S. Government Printing Office: Joint Vision 2020: America's Military–Preparing for Tomorrow, Juni 2000, Washington, https://apps.dtic.mil/sti/pdfs/ADA526044.pdf.
2 Vgl. Jonas Tögel: Kognitive Kriegsführung, 4. Auflage 2023, Westend Verlag, Frankfurt/Main.
3 Virginia Kirst: Hier wird das NATO-Spitzenpersonal ausgebildet, Welt Online, 14. April 2022, https://www.welt.de/politik/ausland/plus238169299/Nato-De fense-College-Hier-wird-das-Nato-Spitzenpersonal-ausgebildet.html
4 NATO: Strasbourg/Kehl Summit Declaration. 4. April 2009, https://www.nato.int/cps/en/natohq/news_52837.htm?mode=pressrelease
5 Strategisches Konzept der NATO 2022, 29. Juni 2022, https://nato.diplo.de/nato-de/01-NATOStatements/-/2539668
6 Antwort der Bundesregierung auf die Kleine Anfrage der Abgeordneten Sevim Dağdelen et al.: Die »strategische Kommunikation« der Bundesregierung und der Umgang mit »Desinformation« im Ukraine-Krieg, Drucksache Nr. 20/5250, 17. Januar 2023.
7 Florence Gaub. In: Markus Lanz, ZDF, 12. April 2022.
8 Florence Gaub. In: Maischberger, ARD, 14. Juni 2023.
9 Florence Gaub. In: Precht, ZDF, 4. Februar 2024.
10 Julian Assange: Antiwar Mass Assembly, 8. Oktober 2011, London, https://as sangedefense.org/articles-op-eds-speeches-by-julian-assange/

Kapitel 11: Julian Assange – Gefangener der NATO

1 Vgl. Christian Fuchs und John Goetz: Geheimer Krieg: Wie von Deutschland aus der Kampf gegen den Terror gesteuert wird, Rowohlt, Hamburg, 2013.
2 WikiLeaks: Collateral Murder, 5. April 2010, https://collateralmurder.wikileaks.org/
3 Vgl. Linda Pearson: US War Crimes Immunity and the International Criminal Court, In: WikiLeaks (Hg.): The WikiLeaks Files: The World According to US Empire, abgerufen unter: https://www.versobooks.com/blogs/news/4025-us-war-crimes-immunity-and-the-international-criminal-court; Franz Becchi: «WikiLeaks beendet Kriege", Berliner Zeitung, 9. November 2023, https://www.berliner-zeitung.de/politik-gesellschaft/julian-assange-wikileaks-beendet-kriege-deswegen-sollte-er-ein-freier-mann-sein-li.2156769
4 Julian Assange. In: Exclusive Interview, Russia Today, 8. Mai 2011, https://www.youtube.com/watch?v=qrPqfapCQT8
5 Mike Pompeo. In: A Discussion on National Security with CIA Director Mike Pompeo, Center for Strategic and International Studies, 13. April 2017, Washington, https://www.csis.org/analysis/discussion-national-security-cia-director-mike-pompeo
6 Zeit Online: Julian Assange war laut UN-Experte psychischer Folter ausgesetzt, 31. Mai 2019, https://www.zeit.de/gesellschaft/zeitgeschehen/2019-05/wikileaks-julian-assange-folter-un-sonderberichterstatter
7 Siehe Erklärungen der UN Working Group on Arbitrary Detention, https://www.ohchr.org/en/statements/2016/02/working-group-arbitrary-detention-deems-deprivation-liberty-mr-julian-assange; https://www.ohchr.org/en/press-releases/2018/12/un-experts-urge-uk-honour-rights-obligations-and-let-mr-julian-assange-leave; https://www.ohchr.org/en/news/2019/05/united-kingdom-working-group-arbitrary-detention-expresses-concern-about-assange
8 Gustavo Petro, X, 20. Februar 2024, https://twitter.com/petrogustavo/status/1759966394760777770

Kapitel 12: Tödliche Doppelmoral – die Komplizenschaft der NATO im Gaza-Krieg

1 International Court of Justice: Application of the Convention on the Prevention and Punishment of the Crime of Genocide in the Gaza Strip (South Africa v. Israel), 26. Januar 2024, Den Haag, https://www.icj-cij.org/sites/default/files/case-related/192/192-20240126-ord-01-00-en.pdf
2 Tadhg Nagel: Mehr als 100 Tote in Gaza – IDF eröffnet mitten im Andrang auf Hilfslieferungen das Feuer, Frankfurter Rundschau, 01. März 2024, https://www.fr.de/politik/soldaten-gaza-israel-krieg-hamas-panik-todesopfer-lieferungen-hilfe-idf-zr-92863509.html
3 South Africa: Application instituting proceedings and request for the indication of provisional measures, 29. Dezember 2023, https://www.icj-cij.org/sites/default/files/case-related/192/192-20231228-app-01-00-en.pdf, Übersetzung nach: https://www.jungewelt.de/artikel/467099.v%C3%B6lkerrecht-der-schwerste-vorwurf.html

4 ZDF heute: Neue Angriffe – Stromversorgung eingeschränkt, 20. Oktober 2022, https://www.zdf.de/nachrichten/politik/strom-ausfall-abschaltung-selenskyj-ukraine-krieg-russland-100.html

5 Ursula von der Leyen: Erklärung von Präsidentin von der Leyen anlässlich der Schweigeminute des Kollegiums im Gedenken an die Opfer der Terroranschläge in Israel in Anwesenheit des israelischen Botschafters bei der EU, 11. Oktober 2023, Brüssel, https://ec.europa.eu/commission/presscorner/detail/de/statement_23_4901

6 Michael Maier: Israel verhängt Blockade gegen Gaza: Kein Strom, kein Wasser, keine Lebensmittel, Berliner Zeitung, 9. Oktober 2023, https://www.berliner-zeitung.de/wirtschaft-verantwortung/israel-verhaengt-blockade-gegen-gaza-kein-strom-kein-wasser-keine-lebensmittel-li.2147538

7 Jonathan Masters und Will Merow: U.S. Aid to Israel in Four Charts, Council on Foreign Relations, 23. Januar 2024, https://www.cfr.org/article/us-aid-israel-four-charts

8 Antwort des Staatssekretärs Sven Giegold vom 9. Januar 2024 auf Schriftliche Frage von MdB Sevim Dagdelen, Drucksache Nr. 20/10022, Frage Nr. 2, 12. Januar 2024.

9 Annalena Baerbock, Deutsche Welle, 20. November 2023, https://www.dw.com/de/baerbock-f%C3%BCr-internationale-verantwortung-in-gaza/video-67502875

10 Steffen Hebestreit: Erklärung der Bundesregierung zur Verhandlung am Internationalen Gerichtshof, 12. Januar 2024, https://www.bundesregierung.de/breg-de/aktuelles/erklaerung-der-bundesregierung-zur-verhandlung-am-internationalen-gerichtshof-2252842

11 Jasko Rust und Martina Schwikowski: Namibia: »Deutschland lernt nicht aus der Geschichte«, Deutsche Welle, 22. Januar 2024, https://www.dw.com/de/namibia-deutschland-lernt-nicht-aus-der-geschichte/a-68034829

12 Nicaragua: Application instituting proceedings and request for the indication of provisional measures, 1. März 2024, https://www.icj-cij.org/sites/default/files/case-related/193/193-20240301-app-01-00-en.pdf

13 Tagesschau.de: Gericht stoppt Export von F-35-Teilen an Israel, 12. Februar 2024, https://www.tagesschau.de/ausland/niederlande-israel-f35-100.html

Ausblick: Frieden statt NATO

1 Hal Brands: The Age of Amorality, Foreign Affairs, 20. Februar 2024, https://www.foreignaffairs.com/united-states/age-amorality-liberal-brands

2 Samuel Charap und Jeremy Shapiro: How to Pave the Way for Diplomacy to End the War in Ukraine, Foreign Affairs, 5. März 2024, https://www.foreignaffairs.com/ukraine/how-pave-way-diplomacy-end-war-ukraine

3 Jan Fleischhauer: Raus aus der UN!, 2. März 2024, https://janfleischhauer.de/raus-aus-der-un/

4 T-online.de: Mehrheit der Deutschen unterstützt Nato-Bündnisverpflichtungen nicht, 11. März 2023, https://www.t-online.de/nachrichten/deutschland/aussenpolitik/id_100142312/mehrheit-der-deutschen-unterstuetzt-nato-buendnisverpflichtungen-nicht.html